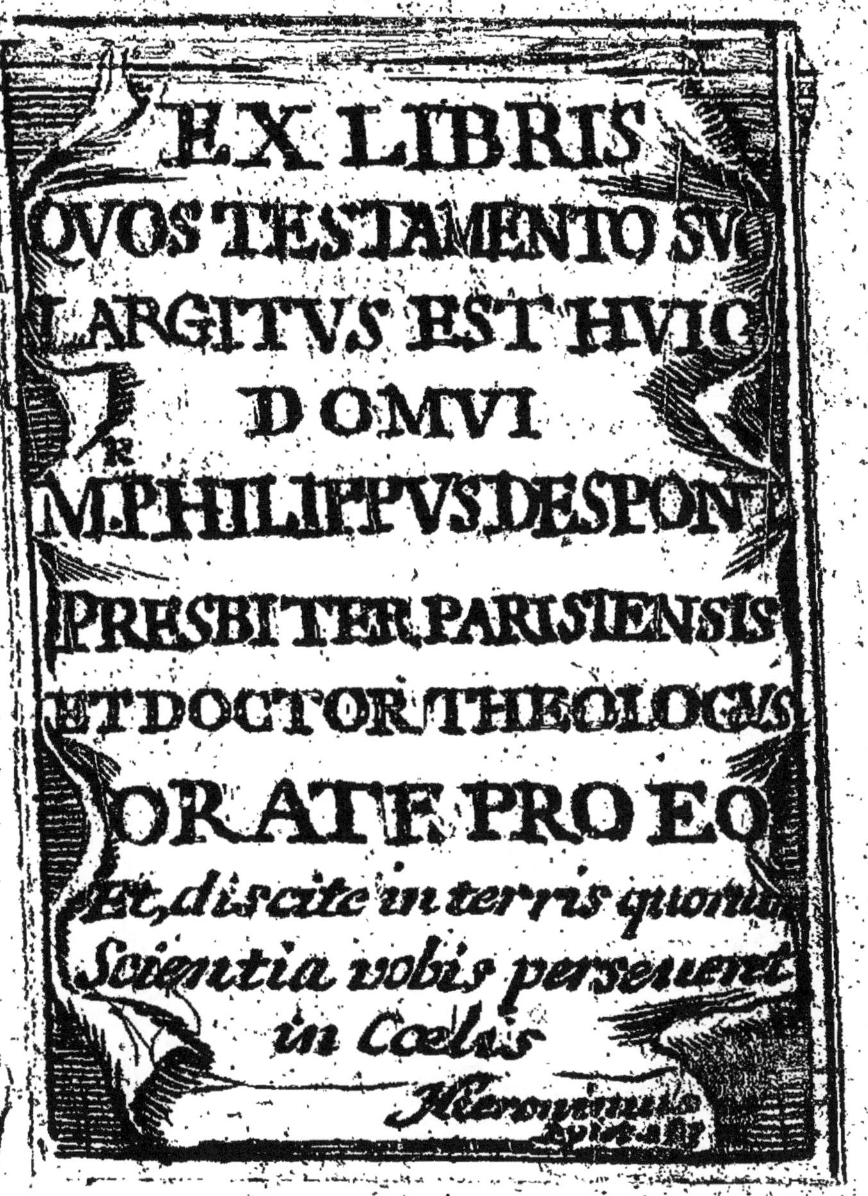
EX LIBRIS
QVOS TESTAMENTO SV
LARGITVS EST HVIC
DOMVI
M.PHILIPPVS DESPON
PRESBITER PARISIENSIS
ET DOCTOR THEOLOGVS
ORATE PRO EO
Et, discite in terris quoni
Scientia vobis perseueret
in Coelis
Hieronymus

MARIANNE, OV L'INNOCENTE VICTIME.

EVENEMENT TRAGIQVE arriué à Paris au Faux-bourg sainct Germain.

Par I. P. C. EVESQVE DE BELLEY.

A PARIS,
Chez IOSEPH COTTEREAV,
ruë S. Iacques à la Prudence.

M. DC XXIX.

Auec Priuilege du Roy.

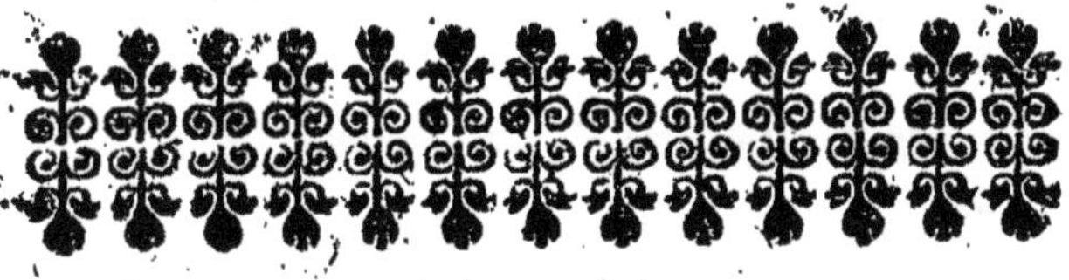

PREFACE.

CEt euenement arriué à la face de tout Paris, il n'y a que deux ou trois ans, demeuroit par l'ingratitude, & l'indeuotion de nos iours enseueli dans le silence; Si des ames eminentes en pieté, & dont les persuasions peuuent toutes choses sur mon esprit, ne m'eussent incité à le consigner à la memoire des hommes. Il a tant de circonstances remarquables que c'eust esté grand dommage que l'oubli eust deuoré ce qui merite d'estre sceu, & qui ne peut reüßir qu'à la gloire de Dieu qui a mis tant de graces en vn vaisseau si fragile, & à la consolation des fideles qui sçauront que le bras Diuin n'est pas diminué, & que l'Eglise a des Saincts & des Martyrs en tous les siecles. Cette Histoire a dequoy disputer la palme aueque plusieurs dont l'antiquité se pare, & encores que le verny & la vermoulleure qui donne tant de poix aux Statuës anciennes luy manque, elle a dequoy le recompenser par des lustres nouueaux & des particularitez signalees. C'est ainsi que l'Espouse de Dieu la saincte Eglise reserue à son bien-aymé des pommes nouuelles aussi bien que des vieilles, & tandis que des esprits studieux par vne curiosité loüable deterrent les monumens des temps les plus esloignez de nostre cognoissance, & nous en rapportent des fruicts d'autant plus meurs qu'ils ont esté long temps à couuert, & dont la force comme celle du vin croist auecque l'aage. Permettez Lecteur que dans les occurrences nouuelles qui se presentent tous les iours à nos yeux, i'exerce mon eſprit & mon ſtile, & vous face voir que s'il ne ſe dit ny fait rien à preſent qui n'ait eſté dit & fait auparauant; il ne s'eſt peut-eſtre rien fait ny dit de mieux aux aages paſſez que ce que nous voyons & oyons au noſtre. Non, non, ny la nature, ny la grace ne ſont pas deuenuës ſteriles, & parmy tant de corruption qui regne en ce temps arriué à la fin des ſiecles, ſelon les termes de l'Apoſtre, il y a touſiours quelques grains de celuy que les Poëtes appelent d'or, & Dieu ſe reſerue touſiours des ames qui ne flechiſſent point les genoux deuant l'Idole du vice. Il est vray que la vertu est mal renommee, mais ce n'est peut-estre pas tant à la negligence du temps qu'il faut attribuër cela, comme à l'industrie des vertueux qui bastissans l'edifice de leur perfection sur la vraye baze, qui est l'humilité, mettent autant de peine à cacher les bonnes qualitez qu'ils possedent, comme les hommes vains à faire paroistre celles qu'ils n'ont pas. Combien de Iosephs innocens & vertueux sont retenus dans l'obscurité des prisons de l'oubli, connus de Dieu & inconnus aux hommes. Que *de Iacobs dorment sur des pierres sans sçauoir que le lieu est sainct & que Dieu y est. Le feu sacré du Temple au sac de Hierusalem fut mis dans vn puits & changé en boüe, boüe qui au retour de la captiuité de Babylone monstree aux rayons du Soleil deuint vn nouueau feu. Que de personnes portent des splendeurs de grace sous des apparences humbles, & quand Dieu le veut ces tenebres sont esclairees. Que de cruches de Gedeon, portant des flambeaux en leur sein, flambeaux qui ne brillent que quand la cruche est brisee, & quand la* victoire se gaigne contre Madian. Certes c'est sous la cendre que le feu se conserue, & sous des nuages espais que les rayons rebouschez du Soleil se rendent plus forts & plus vifs. Que si la charité, comme dit l'Apostre, cache beaucoup de deffauts, l'humilité de sa part desrobe plusieurs perfections à la cognoissance des hommes. Il y a vn fleuue dans l'Andaluzie nommé Guadalquiuir, & que les Anciens appeloient Anas, parce que comme vn oye plonge sous l'eau, cestui-cy se cache sous la terre par l'espace de quelques lieuës, & puis il en ressort plus gros-

& plus enflé qu'il n'est en son premier canal. Il y a aussi des succez qui courent quelque temps par les langues du monde, & tout à coup ils s'enseuelissent dans le silence, & puis de là à quelques iours vn Escriuain les retire du creux de l'oubly & leur donne vne forme specieuse & durable. Ie croy que le mesme arriuera à cestui-cy où vous remarquerez beaucoup de choses, mon Lecteur, tres-dignes de vostre consideration. Vous y verrez la grace de Dieu preuenant vne ame en tant de benedictions de douceurs, qu'il vous sera aisé de iuger qu'elle est du nombre de ceux dont l'Apostre parle que Dieu a esleus, puis appelez, & apres predestinez pour les rendre conformes à l'Image de son Fils crucifié en cette vie, et à celle de sa Transfiguration en l'autre. Vous y verrez la sagesse & la vertu de Dieu reluisante en vn aage si tendre que vous cognoistrez combien vn roseau est ferme quand Iesus le tient en sa main. Dans les diuerses conditions de la vie de cette fille vous recognoistrez vne constante & perpetuelle volonté d'estre toute à Dieu, comme vn vaisseau d'elite consacré à son seruice. Dans la pratique des vertus & l'vsage des Sacremens vous descouurirez la conduitte de Dieu sur cette ame. Et comme il a fait en elle cette merueille que la nature fait voir en ce fleuue qui trauerse la mer sans en tirer l'amertume, la faisant passer au trauers du monde, & du monde le plus corrompu sans qu'elle y ait alteré sa foy, ny sa pureté. Vous apperceurez comme il luy a serui de toit contre la pluye, & d'ombre contre le Soleil, que sa Prouidence a veillé sur elle, & sa protection la mise à l'abry de toutes les [illegible] ces. Mais comme il n'y a rien qui releue tant la grace d'vn beau visage que le voisinage d'vn difforme, les perfections de cette Vierge Martyre vous donneront de l'horreur pour les brutales fureurs d'vn Pere & d'vne Mere, indignes d'vn tel enfant, & plantes infortunees d'vne fleur, qui a esté vn fruict d'honneur & d'honnesteté. Vous descouurirez la rage & la fureur de l'heresie animee d'vn faux zele de Religion, & par cet eschantillon vous iugerez de la piece entiere des mœurs des Heretiques. Vous verrez que ses parens ont serui comme de pierre aiguisiue pour affiler la vertu de nostre Marianne, & que comme il n'est point de iour sans nuict, ny de Soleil sans ombre, il n'est point aussi de Dauid sans Saul, d'Abel sans Cain, de Iacob sans Esau, d'Isaac sans Ismael, d'Elie sans Iesabel, de Iesus sans Herode, ny de Iuste sans Persecuteur. Mais en fin apres les feux & les eaux, vous recognoistrez les rafraichissemens & apres l'horreur des combats, vous iouïrez de ce doux spectacle que produit l'honneur de la victoire & la gloire du triomphe. Ie sçay que les Cantharides qui en veulent aux belles fleurs trouueront peut-estre estrange que ie canonise auecque tant de hardiesse vne personne de qui l'on ne parloit plus, mais puis qu'vn Martyre si euident authorise mon opinion, celle de ces bourdons qui ne font, ny miel, ny cire, & celle de ces araignees qui ne font qu'embarrasser de leurs reprehensions, comme auecque des toiles inutiles, l'economie des abeilles, me sera indifferente. I'ay vn tesmoin (c'est ce que signifie le nom de Martyre) dans le Ciel qui sçait que ie ne ments point, & que tout ce que l'on *peut dire ici bas de sa vertu, est infiniment au dessous de la gloire qui l'enuironne.*

Approbation des Docteurs.

NOvs sous-signez Docteurs Regens en la Faculté de Theologie de Paris, certifions auoir leu le liuret, intitulé, *Marianne, Euenement Tragic, par I. P. Camus Euesque de Belley*; Auquel n'auons rien trouué contraire à la Foy Catholique, ny aux bonnes mœurs. Fait à Paris ce 22. Iuin 1629.

E. FRISON. DV HOVSSAY.

EXTRAICT DV Priuilege du Roy.

AR Grace & Priuilege du Roy il est permis à IOSEPH COTTEREAV Marchand Libraire à Paris, d'imprimer ou faire imprimer pendant le temps & espace de six ans, à la charge de mettre deux exemplaires en nostre Bibliotheque, d'vn liure intitulé, *Marianne, Eeuenement Tragique, composé par I. P. Camus Euesque*

du Belley. Auec deſfences à toutes perſonnes de quelque qualité & condition qu'ils ſoient, Libraires & Imprimeurs, ou autres, de le faire imprimer, vendre ny diſtribuër d'autres que de ceux qui auront eſté imprimez par ledit Cottereau, à peine de confiſcation deſdits liures, & de trois cens liures d'amende applicable moitié à nous, & l'autre moitiée audit Cottereau. Voulant en outre que mettant au commencement ou à la fin dudit liure cet Extraict des preſentes, elles ſoient tenuës pour ſignifiees & venuës à la connoiſſance de vous. Donné à Paris ce 27. Iuin 1629.

Par le Conſeil,

CONART.

MARIANNE.

LIVRE PREMIER.

L'Heresie ce monstre infame qui a plus de testes que l'Hydre, & plus d'opinions que de testes, ne se peut esteindre ny surmonter par des industries, où des forces communes. Ce n'est pas assez de tourner contr'elle le tranchant du glaiue de l'esprit, qui est la parole de Dieu, ſelon les termes de l'Apoſtre, parole toute de feu & de flâme, dit le diuin Prophete; Mais comme cette gangrene ſe gliſſe dans le corps des Eſtats, où elle fait des factions, des monopoles, & des parties, ainſi qu'elle fait des ſectes à part en celuy de l'Egliſe, il eſt beſoin que les Princes, qui n'ont pas ſans cauſe, de la part de Dieu, le glaiue à la main, employent quelquefois le fer & le feu, pour empeſcher que ces chancres ne gaſtent les parties nobles, & principales de leurs Souueraineтez, qu'ils ne peuuent ny ne doiuent partager auec aucun en la terre, puis qu'ils ne les tiennent que du Dieu du ciel, par qui les Rois regnent, & representent au monde la viue image de son Empire supreme. Qu'il soit beni ce grand Dieu qui nous fait veoir en nos iours de si glorieux effects en la personne de nostre Monarque, vrayment l'homme de sa droitte, & l'homme selon son cœur, le faisant dominer & triompher au milieu des ennemis de son Estat, qui sont les mesmes ennemis de l'Eglise & de la Religion de ses peres. Certes comme en cette miraculeuſe & extraordinaire conuerſion du grand Apoſtre, ce beau vaiſſeau d'elite, deſtiné pour eſtre le Docteur des Nations, Dieu le terraſſa & le renuerſa de deſſus ſon cheual, l'eſbloüiſſant des rais de ſa lumiere, & l'eſtonnant auec vne voix de tonnerre, le preparant par là à receuoir les inſtructions de la verité Euangelique; Auſſi ſemble-t'il que la ſageſſe eternelle pour atteindre à ſon but, & à la ruine de l'hereſie de noſtre aage qui eſt aux abois & en ſes annees climateriques, & diſpoſer ceux qui en ſont preoccupez aux enſeignemens & aux voyes de leur ſalut, les vueille ramener au bercail comme brebis errantes, & les faire entrer dans le ſein de cette Mere qui nous donne Dieu pour Pere, & dans cett' arche qui laiſſe perir dans le deluge de l'erreur ceux qui ſe retirent de ſon enceinte, ſous quelque image d'impulſion vehemente. Car comme l'ame s'enuole d'vn corps qui eſt deſtruit: auſſi la rebellion & les partis qui ſont comme le corps dont l'hereſie eſt l'ame, eſtans renuerſez il faut que l'erreur s'eſcarte & ſe retire. C'est maintenant qu'il faut que cet Antee qui autrefois prenoit vigueur de ses terrassemens, soit estouffé par nostre Hercule chasse-mal & dompteur de monstres, en l'air de ses vaines pretentions. C'est maintenant que la principale teste de l'Hydre, & d'où renaissoient toutes les autres estans retranchees, nous deuons esperer que cet Estat reuiendra au temps qu'il estoit loüé par S. Hierosme pour estre exempt de monstres; C'est maintenant (ô bien-heureux les yeux qui voient ce que nous voyons) que la chasse est donnée aux renardeaux qui rongeoient la vigne du Seigneur, & qui ternissoient la beauté de nos lis, & à ces pourceaux sauuages, à ces sangliers farouches qui renuersoient le parterre du iardin clos de la saincte Eglise. L'heresie est ce dard à deux pointes, dont parle l'Escriture, qui en mesme temps attaque l'Eglise & les Estats, & corrompt la foy & les bonnes mœurs, & fait de Ierusalem vne masure & vn tas de pierre. Car non contante de dresser autel contre autel, de mettre dagon aupres de l'arche, &

de profaner tout ce qu'il y a de plus sainct en la Religion: Elle heurte encore les Estats & les renuerse par seditions & monopoles, leur faisant changer de face, & reduisant les Monarchies & les Republiques bien policees en des Democraties turbulentes, & en des Anarchies confuses. Les exemples en sont si manifestes que ce seroit allumer vn flambeau pour faire veoir le soleil, que de les produire & les examiner. C'est ce qui a porté ceux d'entre les anciens Peres qui ont pris comme a tasche de renuerser les heresies, de leur dresser vne batterie double; l'vne en refutant les erreurs qui heurtent la foy, par la parole de Dieu & l'authorité des Conciles; l'autre en descourant au mõde par des traittez particuliers les moyens des Heretiques, pour faire veoir qu'ils n'estoient pas moins vicieux en leur vie, qu'ils sont en leur creance, & que la priuation de la lumiere de la foy n'estoit que comme vne punition de leurs desreiglemens: Certes iusques icy ceux qui ont entrepris de combattre l'heresie de nos iours, semblent auoir plus insisté sur la dispute des articles de la creance, & n'auoir rien obmis de tout ce qu'il y a de remarquable en l'Escriture & en l'antiquité, pour la refutation de l'erreur, & la confirmation de la foy Catholique. Mais il m'est auis que peu se sont appliquez à bien pointer l'autre batterie, & à faire veoir au iour les œuures de tenebres de ceux qui sont rebelles à la lumiere, & qui comme aueugles volontaires se plaisent dans les obscuritez. Mais tout de mesme que quand le hybou, qui est vn oyseau nocturne, paroiſt de iour hors de ſa cachette, tous les oyſillons luy donnent des atteintes, iuſques à ce qu'il ſe ſoit relancé dedans ſa retraicte: Auſſi quand vne fois on éuente les conſeils & les actions malicieuſes des heretiques, cela les décrie & les decreditе tellement, que chacun les fuit comme des loups rauiſſans reueſtus de peaux de brebis. Que ſi reciter l'erreur eſt la refuter, auſſi eſtaler les mœurs & les deportemens des errans, c'eſt auertir les fideles d'euiter leur rencontre contagieuſe ou furieuſe, ſelon le conſeil de ce diuin Apostre qui ne veut pas seulement qu'on les salüe par le chemin; car si la parole du meschant, comme dit l'Escriture, s'estend comme vn vlcere, l'exemple qui consiste en faict a vne impression bien plus forte sur les esprits. Or comme peut-on mieux faire veoir les mœurs & les conditions des Heretiques, que dans les faicts particuliers, qui sont autant de miroirs où l'on recognoist la force de leurs ames, & autant d'images de leur abomination de desolation? C'est donc en la refutation des erreurs que les preceptes ſont en leur vigueur & en leur luſtre: mais les exemples font la matiere plus ſolide de la deſcouuerte des mauuaiſes qualitez qui ſont dans les eſprits poſſedez par l'hereſie. I'en ay vn en main qui fera veoir comme dans vn verre triangulaire les diuerſes couleurs de ces humeurs bigarees, vrais cameleons ſuſceptibles de toutes, ſi ce n'eſt de la blanche de la verité, & de l'innocence. Nous cognoiſtrons ces lyons enragez & affamez de ſang par l'angle du ſuccez que ie vay raconter. Or nous ſerons enſeignez que l'herefie ne tafche pas feulement de renuerfer la foy & la police de cette maifon de Dieu la faincte Eglife, fondee fur vne pierre qui ne fe peut esbranfler, & que les portes de l'Enfer ne peuuent efmouuoir; Mais encore de defigurer les Eftats & les Empires, voire mefme de mettre le defordre dans les familles, & de confondre les loix de la chair & du fang, violant auec impieté les principes que la nature mefme a grauez dans les animaux. Solon en fes loix n'en voulut faire aucune contre les Parricides, ne fe pouuant persuader qu'il se pust trouuer des enfans si monstrueux qu'ils voulussent oster la vie à ceux qui la leur auoient donnée. Et il est à croire qu'il n'en fit point aussi contre les Peres qui donneroient la mort à ceux à qui ils auoient donné la vie: veu que l'amour naturelle descendant auecque beaucoup plus d'impetuosité, qu'elle ne remonte: met vne bien plus grande repugnance dans le cœur des peres, de deffaire ce qu'ils ont fait, & ceux qui sont la chair de leur chair, & les os de leurs os. A raison dequoy les Romains ne faiſoient point de difficulté en leurs loix de donner aux peres & aux meres puiſſance de vie & de mort ſur leurs enfans, comme ſçachans que la defence de les faire mourir leur eſtoit autant recommandée par la nature, comme le deſir de les veoir viure leur eſtoit imprimé par la force du ſang. L'hereſie neantmoins qui comme vn autre Afrique produit touſiours quelque monſtre nouueau, nous a faict veoir en nos iours qu'il y a encore parmi ceux qui en ſont attaincts, des Saturnes qui deuorent leurs propres enfans, des Medees qui les aſſomment; & qui par vn zele non ſeulement indiſcret mais denaturé, penſent faire des ſacrifices à Dieu comme Iephthé, en immolant leur propre ſang à leur rage, faiſans d'vne impieté execrable, vn acte de Religion pretenduë.

C'eſtoit au temps de cette excellente paix (que quelques vns nomment fourée) qui fut faicte, à ce que l'on dit par neceſſité auecques les Huguenots, pour tourner la pointe de nos armes vers la riuiere de ligurie, à la deſtruction d'vne Seigneurie toute Catholique, ſans autre deſſein que de faire rendre des vallees Catholiques qui s'eſtoient reuoltées contre la tyrannie des Ligues Griſes, aux Griſons Heretiques auparauant leurs Souuerains Seigneurs. Les Monarques images viuantes de Dieu, & appelez en l'Eſcriture, les Dieux forts de la terre & puiſſamment eſleuez, imitent ſouuent en leurs cõſeils plus ſecrets les Decrets de la Diuine prouidence; car outre qu'ils ſont impenetrables, ſouuent ils portent des viſages contraires à leurs desseins, imitans les rameurs qui tournent les espaules au lieu où ils tendent. Il est bon que leurs secrets soient cachez, disoit Tobie, parce que semblables au vin, ils se gastent par léuent, & pareils aux mines qui ont de l'air, leur effort seroit inutile. Le Prophete Roy confesse en diuers lieux de ses Cantiques que ses pieds ont chancelé passant sur ces glissantes pensees de la conduitte de la Prouidence, voyant les bons affligez, & la prosperité des mauuais, mais reuenant à soy il ayme mieux adorer que sonder les conſeils de celuy qui atteint aux fins que ſon eternelle ſageſſe regarde par des voyes qui nous ſont inconnuës. Les iugemens du mõde ordinairement temeraires & inconſiderez furent diuers ſur cette paix, & ſur cette guerre: Mais par les euenemens qui ont ſuiuy, & en fin par la priſe de cette Roche qui paroiſſoit inexpugnable, les moins auiſez ſont contraincts d'auoüer que Dieu qui a le cœur des Rois en ſa main, a emply celuy de noſtre Prince, de l'eſprit de conſeil & de force; & que le tenant par la droite, il l'a conduit en ſa volonté, & la eſleué à ceſte gloire triomphante, qui le rend eſclattant aux yeux meſmes de ſes ennemis. Et ce n'eſt pas ſans ſujet qu'à l'entree de ceſte Hiſtoire ie marque cette particularité, d'autant que nous verrons à l'iſſuë, que ſi l'impunité ſemble auoir mis à couuert vn crime capable d'arreſter le Soleil côme les Poëtes feignent du temps de Thyeſte ſe repaiſſant du ſang & de la chair des ſes propres enfans, l'on ait eſgard à la ſaiſon qui ne permettoit pas que l'on aigriſt par vn chaſtiment exemplaire des bestes farouches, qu'il falloit souffrir puis qu'alors on ne les pouuoit dompter, comme l'on a fait depuis auecque tant de felicité & dauātage. Du temps, venons au lieu puisque ce sont les deux pilotis de toute veritable narration & celle que i'ay à raconter, estant d'vn fait qui est tombé sous mes yeux & sur le plus grand theatre, non de la France seulement mais de l'Europe, qui est Paris, peut-estre confirmee par vn million de personnes, puis qu'elle seruit d'entretien assez long temps à vn nombre infini de cõpagnies. Neant-moins comme il arriue souuent, dit S. Augustin, que les miracles sont moins admirez & estimez aux lieux mesmes où ils sont aduenuës qu'aux Prouinces plus eloignees, l'esprit aussi bien que le sens, voulant quelque distance pour agir mieux sur son obiect: Aussi le tragicque succez que ie veux despeindre encore que fort remarquable puis qu'il va dans le Martyre; ne fit pas telle impression qu'il deuoit dans les ames qui en furent les premieres imbuës, encores qu'elles pussent tirer vn merueilleux profit d'vn si memorable exemple. I'estois à Paris lors que cecy arriua, & i'en sçay les circonstances par tant de veritables preuues, & par le rapport de personnes si sainctes, que ie douterois plustost des choses qui m'apparoissent, que de ce qui m'a esté raconté. Les Escriuains des Romains ne dressent leurs fabuleuses auantures qu'en des personnes releuees, comme si la grandeur des personnages rehaussoit la bassesse de leurs inuentions & de leurs sujects. Et comme s'ils ioüoient aux

cartes

cartes ils ne laissent passer par leurs mains que des Rois & des Reines, à qui comme sur les theatres ils font faire des personnages, & des actions si raualees que vous diriez qu'ils ne montent sur des eschasses que pour paroistre plus ridicules. Mais le Dieu de verité qui ne regarde que les choses humbles, au ciel & en la terre, choisit d'ordinaire les suiects foibles pour y estaler sa force, & la bassesse des personnes pour y faire esclatter les merueilles, & les grandeurs de sa grace. Ne vous estonnez donc pas de la petite qualité de celle dont ie vay despeindre les grandes vertus, ny de la petitesse de sa condition, & de son aage, puisque Dieu se plaist à rehausser ce qui est bas, & à perfectionner sa loüange dans la bouche des enfans & du simple vulgaire. Le Sauueur mesme a voulu naistre d'vne femme Vierge, fiancée à vn Charpentier, a esté esleué dans les trauaux d'vne boutique, a choisi pour Apostres des pecheurs & des artisans. Et qui ne sçait que les perles naissent en des lieux escartez, & que l'or se forme dans les plus creuſes entrailles de la terre. Cette nouuelle Agnes, cette autre Barbe de nos iours, dont ie veux retirer le nom des tenebres de l'oubly, tira ſa naiſſance de parens de petite eſtoffe. Sa mere à qui nous deurions pluſtoſt donner le nom d'Alecton, qui eſt celuy d'vne furie, que celuy d'Aliſe eſtoit fille d'vn Mercier qui demeuroit au fauxbourg S. Iacques, ſoit qu'elle euſt quelques traicts de beauté ſur le viſage, capables d'arreſter les yeux, ſoit que ſon pere euſt quelques commoditez honneſtes ſelon ſa condition, elle fut regardée par vn ieune compagnon menuisier, trauaillant chez vn Maistre du quartier, mesme qui ne cherchoit autre chose que de s'establir en quelque sorte de fortune, où de demeure asseurée par quelque mariage. Nous l'appellerons Simon, encore que sa cruauté nous doit inuiter à luy donner plustost celuy de ce Timon, ennemy de toute humanité qui fut appelé le Misautrope. Il arresta donc ses regards, & ses affections sur Alise, & pressé de son amour & de son interest, fit dessein de la rechercher en mariage. Il estoit d'assez bonne mine, bien fait, d'agreable esprit, habile en son mestier, & tel qu'Alise mesme, agrea sa conuersation, & le pere aussi ne luy eust pas donné sa fille s'ils n'eussent esté separez de ce grand chaos de la diuersité des Religions. Mais non seulement les Catholiques ont en horreur ces alliances, où les parties sont de differente creance, comme semblables à ces abbreuoirs d'Affrique où les monstres s'engendrent: mais encore les Ministres de la pretenduë, & par leurs presches, &

par leurs escrits deffendent à ceux de leur secte de se marier auecques les Catholiques, ayans appris que ces meslanges sont des seminaires de diuision, & de trouble dans les familles, & que souuent les enfans qui naissent d'vn pere & d'vne mere de diuerse creance, n'embrassent aucun des partis, & n'ont aucune Religion. Où s'ils embrassent quelqu'vne, c'est plustost, ou par force, ou par interest, que par vn desir de seruir Dieu qu'ils y portent leurs inclinations. Alise estoit née d'vn pere Catholique, & qui l'auoit esleuée & nourrie en nostre creance, Simon estoit Huguenot, & né de parens de mesme farine. C'estoit pour luy vn obstacle inuincible, & qui luy estoit autant d'espilanie de posseder Alise qu'il en auoit de desir. L'humeur de nostre nation qui rend la frequentation fort libre, est encor aidée par cette loy de l'Estat, doüée du beau nom de liberté de conscience. Ce qui fait que le commerce auecque les heretiques n'est pas euité, ny mesme en horreur comme il deuroit estre. Car encore que la loy Politique permette leur hantiſe, elle ne la commande pas, & le conſeil des perſonnes ſoigneuſes de leur ſalut, ſe deſtournent de la rencontre des errans, comme les Pilotes s'eſcartent des banes & des eſcueils en pleine mer. Chacun ſçait ce que fit, & ce que dit l'Euangeliſte ſainct Iean, ayant trouué Marcian l'heretique en ſon chemin, & de quelle ſorte il le reietta pour donner exemple aux foibles eſprits de fuïr la preſence de ceux qui ont le venin d'aſpic ſous les leures. Au commencement Aliſe frappée de cette conſideration s'eſcartoit de Simon par des fuittes eſtudiées, & quelque peine qu'il priſt de l'œilader, elle s'eſchappoit de luy par mille deſtours. Mais en fin ce charme naturel que l'on appelle bien veillance, & dont le venim ſe hume par les yeux, modera vn peu cette humeur vtilement ſauuage, & la rendit plus domeſtique qu'elle ne deuoit, de celuy qu'elle deuoit fuïr comme vn enfant du Prince des tenebres. Il caiolla ſon pere auec des complimens eſtudiez, & des parolles ſi remplies de ſubmiſſions & d'humilité, qu'il gaigna ſes oreilles par ce champ pipeur, s'acquerant vne maistrise auec des termes de seruitude. Quoy que le pere d'Alise se sentit esmouuoir à l'aymer par tant de gentilles parties qu'il remarquoit en ce ieune homme, si estoit-il trop ferme en sa Religion, pour vouloir prendre alliance auec vn Huguenot & luy donner sa fille, sçachant que ces hommes sont comme le lierre qui attire à sa ruine par succession de temps la muraille où il s'attache & qui l'appuye. Ne vous mettez point sous ce ioug auec les infidelles, dit l'Apostre, sçachant combien ces ſocietez eſtoient & ſcandaleuſes & dangereuſes. Et d'effect pour dire ce mot en paſſant, s'il ny a point de conuenance de la lumiere auec les tenebres, des membres de Chriſt auec ceux de Belial: qu'elle apparence y a t'il de rendre vnis en la chair ceux qui ſont diuiſez ſelon l'eſprit, autant que le Nort eſt ſeparé du Midy, de quelle façon peuuent faire vne bonne ſocieté, celuy qui tient le mariage pour vn ſimple contract ciuil, aueque celuy qui le tient pour Sacrement, & grand Sacrement en Iesus-Christ, & en son Eglise, quelle vnion quelle concorde peut-on esperer de ceux qui ne sont pas d'accord en leur creance; or de quelle façon seront esleuez les enfans qui sortiront d'vne telle diuision. Iamais donc Simon n'eust eu la permission de rechercher Alise, s'il n'eust tesmoigné de la docilité, & promis de se faire instruire en la foy Catholique. Sur cette promesse il luy fut permis de voir Alise, à qui il fit tant de belles protestations d'amitié, & de se ranger à l'Eglise qu'en peu de temps elle ne deuint pas moins amoureuſe de luy, qu'il l'eſtoit d'elle: mais il n'y auoit rien de fait s'il ne ſe conuertiſſoit, il feignoit doncques, le meſchant, de ſe laiſſer perſuader, & comme Sichem ſe laiſſa circoncire pour auoir Dina, il fit profeſſion de la foy Catholique pour eſpouſer Aliſe, ſon pere en le prenant pour gendre penſoit auoir gaigné vne ame à Dieu, & la premiere année de ce mariage ſe paſſa auec tant de contentemens de part & d'autre qu'il ne s'y pouuoit rien adiouſter. Mais comme les lyons & les tygres pour apriuoisez qu'ils soient, reprennent en fin leur naturelle felicité: Aussi les esprits qui ont pris la premiere teinture de l'erreur y reuiennent aisément, si leur conuersion ne prouient d'vne abondance de grace extraordinaire qui les confirme dans la creance de la verité: Les errants ont vn zele ardant, tempestatif, turbulans, impatiens pour leur erreur, Simon estoit sans cesse tourmenté par ses parens, comme vn deserteur de leur foy, & pressé opportunement & importunement de se remettre en leur secte.

Apres auoir esté deux ans dans l'Eglise Catholique, se voyant en possession de ce qu'il auoit tant desiré, il retourna à son vomissement, ce qui affligea beaucoup le pere d'Alise qui ne pensoit pas que son gendre luy deust ioüer ce tour-là. Sa fille caiollée & amadoüée par son mary, qu'elle aimoit tendrement, porta cette reuolte auecque moins d'impatience sur les promesses qu'il luy faisoit de la traitter tousiours humainement, & de ne la contraindre iamais en l'exercice de sa Religion. Elle se trouua lors enceinte de ceste fille qui fut l'innocente victime de la fureur de ses parens ; Aussi-tost qu'elle fut née son grand pere la fit baptiser à l'Eglise Catholique, Simon ny apportãs aucune repugnance, où elle receut le nom d'Anne. Sa mere l'esleua tousjours en sa Religion, son mary le souffrant de peur de fascher son beau-pere de qui il esperoit de tirer quelques auantages. Le bon homme ne vesquit que cinq où six ans apres la naïssance de cet enfant, qui ont encore deux sœurs sorties de Simon & d'Alise. Apres que ces Huguenot se vid en possession de tout ce qu'il pouuoit esperer de l'heritage des parens de sa femme, il leua le masque de la dissimulation dont il auoit si long temps couuert son visage, & commença tantost par prieres, tantost par menaces à solliciter Alise de quitter la Religion de ses peres pour embrasser la sienne. Il fit venir en sa maison tant de Ministres & de Surueillans, qu'il fut aisé à tant d'oyseaux de proye d'emporter cette colombe des-ja seduite par les caresses de son mary, & qui n'auoit pas assez de cœur pour resister à tant de combats. Elle renonça donc à la foy Catholique, & embrassa celle de Caluin, dequoy ceux de Charanton firent de grands trophées, grande gloire certes, & digne de la vanité de ces conquerans. Il est aysé de descendre au mal, mais difficile de remonter au bien, facile de tuër non de resusciter, l'esprit va de luy mesme au peché; mais pour regaigner la grace il faut qu'il soit aydé d'ailleurs. Ceux qui sortent de longues tenebres & paroissent à la lumiere ont de la peine à en soustenir l'éclat & a s'y habituer, il n'en est pas ainsi de ceux qui passent de la lumiere dans les obscuritez. Simon sortãt du libertinage de l'heresie eust de la peine à s'accoustumer au sainct esclauage des enfans de Dieu, esclauage neantmoins qui est vne liberté veritable & preferable à vne royauté, ce qui fut cause de sa recheute & qu'il retourna à son vomissement. Alise n'en fit pas ainsi; car ayant vne fois quitté le droict chemin elle s'esgara tellement dans le labyrinthe de l'erreur qu'elle merita d'estre delaissée de Dieu qu'elle auoit abandonné, & de perdre la fontaine de vie puis qu'elle auoit eu recours aux cisternes gastées & aux eaux troubles de l'Egypte. Car comme ceux qui tendent au ciel par la vraye route, preparent des montées en leurs cœurs, & marchent de vertu en vertu pour voir le Dieu des Dieux, le Dieu des vertus en sa saincte montagne de Syon, & ressemblent à l'Aurore qui s'auance tousiours, & de lumiere en lumiere arriue iusques à vn plain iour. Aussi ceux qui se detraquent de ce sentier vont d'abysme en abysme, iusques à ce qu'ils ayent donné au plus profond du precipice sans espoir de resource. Et certes comme en Leuant on ne trouue point de plus opiniastres Mahometans que les Chrestiens renegats. Aussi dans les regions de l'Europe infectees de l'heresie on ne trouue point de plus obstinez heretiques que ceux qui ayans faict banqueroute à la foy Catholique, se sont jettez entre les bras de l'erreur. La raison de cela est que les heresies qui affligent l'Eglise en ce temps qui est la fin, & comme la sentence des siecles sont composees d'opinions si plausibles au sens, & qui chatouïllent la chair d'vn si doux libertinage, qu'il ne faut pas s'estonner si ceux qui sortent d'vne disci-pline ciuile comme est celle de l'Eglise Catholique, où l'on ne presche que mortifi-cation & penitence, que croix & affliction, se decla-rant dans l'escole de l'erreur ou toute la raison de croire est celle de veoir, ou les vices sont desguisez en vertus, ou les bonnes œuures sont baf-fouées, ou la licence est en regne, ou la volupté est en estime, ou la presomption regne, ou les monopoles s'exercent, ou la medisance est vne Rethorique, ou les parties se forment, ou chacun est maistre & iuge de sa foy & de ses mœurs, ou la confession est reiettée & prise pour tyrannie, ou le Caresme est cassé, ou le celibat est blasmé, ou le Purgatoire est nié, ou les Saincts sont mesprisez, ou l'ordre est confondu, où il n'y a point de chef visible, ny de hierarchie; bref, ou sous le tiltre specieux de la liberté des enfans de Dieu, le desreglement de ceux de Belial, sans ioug & sans sujection est introduict & hautement prisé. Ce furent-là les appats qui esloi-gnirent en Alise les lumieres de la vraye foy ou elle estoit née, & y auoit esté mariee pour courir apres les desirs de son cœur & les inuen-tions des heretiques. Aussi-tost qu'elle eust changé de Religion (si les opinions de la Pretenduë meritent ce nom là) elle ne manqua pas d'inspirer ses erreurs à ses fil-les qui estoient trois en nombre, dont la plus aagee qui estoit nostre Anne, ne pouuoit auoir que sept où huict ans. O Dieu que vous estes admirable en vos Saincts, & en ces ames que

vous

vous possedez des le commencement de leurs voyes, & que vous preuenez de vos benedictions de douceur. A raison de quoy vostre Prophete s'escrie, Bien-heureux celuy que vous elisez & que vous tirez à vous : car il demeurera dans vos tabernacles, c'est à dire, dans le sein de vostre Eglise Militante en terre, ou quiconque ne passe sa vie, ne peut auoir d'accez apres sa mort en la triomphante qui est au Ciel. Car comme le Fils de Dieu n'a vie que dans le sein de son Pere, nous ne pouuons auoir la vie des enfans de

Dieu que dans le sein de cette Mere qui est la vraye Eglise. O Seigneur s'escrie le Psalmiste, que bien-heureux est l'homme que vous enseignez, & à qui vous enseignez vostre Loy, vous le preseruerez aux iours mauuais tandis que le pecheur & l'errant se creuse vne fosse de ruine eternelle. Nostre petite Anne soustenuë de de Dieu en vn aage si foible tesmoigna beaucoup de repugnance aux persuasions de sa mere, son Ange Gardien comme il est à croire combattant en elle contre l'esprit de tenebres, de peur qu'elle ne fust accueillie dans les palpables obscuritez de l'Egypte de l'erreur ou sa mere la vouloit conduire. On ne sçauroit penser auec combien de force en vn aage si enfantin, elle s'opposa aux volontez de sa mere qui la vouloit trainer à Charanton. O Seigneur Iesus combien il est vray qu'vn roseau en vostre main sacrée deuient vne colomne du Temple. La mere voyant que la force n'arriuoit point ou elle pretendoit, se range aux mignardises & aux caresses, faict des presens à cet enfant, pleure deuant elle, bref, employe des artifices qui eussent enchanté des rochers, ce qui me faict souuenir de ces lamies dont parle le Prophete qui descouurent leurs mammelles affin que ceux qu'elles veulent perdre attirez de la beauté de leur sein y viennent succer leur laict empoisonné. Cette Syrene ne châtoit ainsi doucement que pour noyer la foy de cette pauure petite dedãs les ondes infortunees de l'heresie : mais elle imite la prudence de l'aspic qui touche son oreille pour n'estre surpris par les appeaux de celuy qui le veut endormir pour apres le tuër. Ny pour les paroles vehementes, ny pour les douces d'Alise cet enfant ne s'esmeut point, mais s'armant de mille signes de croix, elle surmonte auec ce signe les ennemis de son salut visibles & inuisibles. Il fallust neantmoins à la fin, quoy que contre son gré qu'elle cedast à la violence, & qu'elle se laissast emporter au cours d'vn torrét à qui elle ne pouuoit resister. Sa mere sous pretexte de luy tenir compagnie la mena quelquesfois à Charanton, où ie me represente cette petite Israëlite enuironnee de lumiere parmi ces Ægyptiens, aueuglez des tenebres palpables de leurs grossieres erreurs. O mon Sauueur s'il est permis de r'apporter des choses si petites à des mysteres si grands que les vostres, cecy n'a t'il point quelque rapport de la fuitte que vous fistes dans l'Egypte pour éuiter la fureur d'Herodes, parce que vostre heure n'estoit pas encore venuë. On dit que quand la lyonne à eu accointance du Leopard, elle court se lauer & purifier dans la mer, de peur que le lyon venant à sentir les traces de cette meſlange, ne s'enflamme de ialouſie & ne la mette en pieces. Cette petite fille au retour de ces aſſemblées heretiques, qui ſont les vrais repaires des Ours & les montagnes des Leopards, couroit auſſi toſt à l'Egliſe ſe purifier auecque l'eau luſtrale: mais beaucoup plus par celle de ſes larmes & de ſes ſouſpirs, reſpendant ſon ame deuant Dieu qui voyoit la preparation de ſon cœur, & luy repreſentant ſa douleur & ſa tribulation. Certes le S. Eſprit prioit alors en elle auec des gemiſſemens inenarrables, & diſoit peut-estre par sa langue ; ou du moins par ses ressentimens, ces sainctes paroles: Seigneur i'endure violence, respondez pour moy, ou ces autres: ie suis arriuée en haulte mer, ou la tempeste me submerge. A mesure qu'elle croist elle profite en aage & en sagesse, & Dieu insensiblement & suauement luy augmente la foy, & luy donne vne aussi grãde amour pour la Religiõ Catholique, qu'elle auoit d'auersion de la Pretenduë. Le Temple de Charanton luy sembloit vn Enfer, aussi à la verité est-ce vn lieu sans ordre, & ou le nom de Dieu eſt blaſphemé, au contraire les Egliſes Catholiques luy ſembloient autant de Paradis. Car ſi le Paradis n'eſt autre choſe que la ſocieté des Sainćts de l'Egliſe Militante en la preſence de Dieu, le firmament de la terre & le Royaume des Cieux que le Sauueur meſme dit eſtre parmy nous, ſe voit dans nos Egliſes où les fideles s'aſſemblent pour adorer Dieu, qui eſt preſent en nos Autels, chanter ſes loüanges comme les Anges font dans le Ciel, entendre ſa parole, receuoir les Sacremens, & prendre part à ſes diuins Myſteres, n'y ayant autre difference entre les deux Egliſes également eſpurſes du grand & Eternel Iacob, ſinon que l'vne a des beaux yeux comme Rachel, parce qu'elle void Dieu face à face, ſans enigme & ſans miroir: & l'autre comme Lia eſt chaſſieuſe, & ne contemple ſon Eſpoux que dans les ſombres lumieres de la foy, l'vne eſt au but, l'autre en la voye, l'vne poſſede, l'autre recherche, l'vne eſt en la iouïſſance, l'autre en l'eſperance, toutes deux aymantes & aymees du plus aimable obiect du Ciel & de la terre qui eſt Ieſus-Chriſt Eſpoux de ſang de l'vne & de l'autre. Noſtre petite Anne ayant ſauouré la manne des enfans de Dieu auoit en horreur le gouſt des oignós de l'Egypte de l'hereſie, & encore qu'elle ſemblaſt partagée, allant tantoſt à Charenton, tantoſt à l'Egliſe, ſon cœur eſtoit tout à fait Catholique. Non, elle ne parloit pas en vn cœur, & en vn cœur, elle n'auoit point deux langues, elle ne ſeruoit point à deux Maiſtres, elle n'eſtoit point diuiſée, elle n'eſtoit point à la Mammone d'iniquité, à l'hereſie, mais elle estoit toute entiere au vray Dieu connu en la vraye Iudée, c'est à dire, au pays, ou la confession est en practique. Ce fut pour la frequentation de ce salutaire Sacrement de Penitence que Dieu a estably en son Eglise comme vne probatique piscine, vn lauoir des vrayes oüailles qui ne recognoissent qu'vn Pasteur, comme vne source de Iacob pour le lauement des personnes soüillées de l'ordure du peché, que cette petite Anne commença à discerner non seulement le bien du mal, la lepre de la lepre, mais le vray du faux, & le precieux du vil. Son bon Genie la fit tomber entre les mains d'vn venerable Prestre, homme de sçauoir & de sainte vie appelé Yues, qui seruoit alors en la Parroisse de S. Iacques du haut pas, voisine de l'Abbaye de S. Magloire au fauxbourg S. Iacques. Ce fidelle seruiteur de Dieu, cet Ange du Seigneur des armées fut l'Ange tutelaire de cette petite creature selon qu'il est escrit que les iustes sont de la part de Dieu recommandez aux Anges, affin qu'ils les gardent en toutes leurs voyes, iusques à les soustenir de leurs mains de peur qu'ils ne chopent en la voye de salut & ne tresbuchent à des pierres de scandale. Nostre Anne se voyant toute seule comme vn debile roseau du desert, battu de diuers orages: car elle estoit tempestée de son pere & de sa mere, s'vnissoit volontiers auecques les filles de son aage & son voisinage qui estoient Catholiques, pour se plaindre à elles de la violence qu'on luy faisoit, en la trainant au presche contre son gré, leur disant qu'elle ne prestoit nulle attention à ce que le Miniſtre diſoit, & que ſi elle euſt peu ſans faire murmurer les aſſiſtans, elle euſt bouché ſes oreilles auecques ſes doigts pour n'oüyr pas vn de ſes mots, elle adiouſtoit à cela mille petites ſimplicitez conformes à ſa ieuneſſe, que ce lieu eſtoit faict comme vne grange, ou comme l'Hoſtel de Bourgoigne, ou l'on repreſente des comedies, qu'il n'y auoit nuls ornemens, ny aucune repreſentation de pieté qui puſt exciter à deuotion, point de Croix, nulles lumieres, & ce qui eſt d'agreable, elle leur dit qu'alsant au commencement chercher de l'eau beniste auprés de la porte, chacun l'appeloit Papiste. Qu'ayant voulu se mettre à genoux pour prier Dieu, tous s'estoient scandalisez de cette façon de faire, ce qui l'auoit bien scandalisée elle mesme de voir qu'ils tinssent à crime d'adorer Dieu en cette maniere. Bref elle s'associoit autant qu'elle pouuoit à ses cheres compagnes Catholiques, soit pour se plaindre à elles, soit pour se consoler en leur compagnie, soit pour prendre occasion d'aller auec elles à l'Eglise, où elle prioit Dieu auec vne telle ardeur que les autres l'auoient en veneration, & la regardoient comme vn modele de pieté & de zele. Quand sa mere qui estoit deuenuë vne Megere en son endroict pour la haine qu'elle auoit conceuë contre elle, s'apperceuoit qu'elle venoit de l'Eglise, elle luy disoit plus d'iniures que si elle fust sortie d'vn lieu infame, & non contente de ces traicts de langues pleins de fiel & d'aigreur, les mains auoient leur tour & battoient cette pauure petite outrageusement. Mais Dieu qui selon ſa ſaincte parole n'acheue point de rompre le roſeau froiſſé, & d'eſteindre le lin qui fume encore, donnoit plus de patience à la fille que la mere n'auoit d'impatience, & le courage de celle-là laſſoit la colere & la furie de celle-cy. Aux extremitez de ſes ſouffrances & lors quelle auoit beſoin de plus fortes conſolations, que celles qu'elle pouuoit tirer de ſes compagnes, ſon refuge eſtoit vers Meſſire Yues, perſonnage d'vn aage fort auancé, mais d'vne charité & d'vne prudence notable, il prit tant de compaſſion des perſecutions que cet enfant (pouuons nous pas encore appeler ainſi vne fille de dix où douze ans) enduroit pour la iuſtice qu'il ſe reſolut d'employer toute ſa ſcience & ſon credit pour la tirer de tant de miſeres. Certes la lumiere du Ciel dont il eſtoit éclairé luy faiſoit voir que Dieu preparoit cette ame par ces Croix, a de grandes choſes, & que cette pierre taillée & picquée par tant d'afflictiós eſtoit deſtinée au baſtiment du Temple de la Hieruſalem celeſte. Il la regarda donc comme vn vaiſſeau d'elite, que Dieu ne vouloit pas laiſſer vuide de grace. Au commencement il l'encouragea à endurer beaucoup pour l'amour de la foy & de la Religion, luy repreſentant les exemples des Apoſtres & des Saincts qui auoient tant ſouffert de douleurs & d'opprobres pour demeurer conſtans en la fidelité qu'ils deuoient à Dieu. Il luy donnoit les inſtructions qu'il iugeoit neceſſaires, & dont il la iugeoit capable pour fortifier ſa foy contre les courſes des lyons rugiſſans qui rodoient autour d'elle pour la deuorer. Il luy conſeilla de ſe deſtourner autant qu'elle pourroit des aſſemblées, meſme de la conuerſation des heretiques, dont les paroles ne ſont pas moins dangereuſes que la langue du ſerpent, & de reſpondre franchement à ſa mere quand elle la voudroit contraindre de la ſuiure à Charenton, qu'elle eſtoit plus obligée d'obeir à Dieu qu'aux hommes, qu'en tout ce qui ne toucheroit point ſa religion & ſa conſcience elle eſtoit preſte de luy rendre toute l'obeïſſance qu'elle pouuoit deſirer d'vne tres-humble fille. Qu'elle ſe ſouuint que ſon grand pere ne leur auoit rien tant recommandé en mourant que de ne quitter point la Religion Catholique, ne leur ayant donné ſa benediction que ſous cette condition, en ſomme qu'elle eſtoit reſoluë de mourir en l'Egliſe où elle auoit receu le Bapteſme, & de ne ſe ranger iamais à celle de Charenton. Anne retint ſi bien ces preceptes quelle les mit en pratique, & le S. Eſprit qui change les lyons en agneaux, comme il auint à la conuerſion de S. Paul, faict auſſi les agneaux lyons, & les colombes aigles, quād il esleue les courages imbecilles au dessus de leur naturel, estant le propre de Dieu de choisir les choses foibles pour confondre les fortes. Cette genereuse resolution mere des sainctes repliques d'Anne, mit Alise en vne telle rage qu'ayant mise toute en sang cette innocente victime elle ne la voyoit plus qu'auecque des yeux estincelans de couroux, & comme les freres enuieux de Ioseph ne luy pouuoient plus parler paisiblement, elle n'auoit pour elle autre langage que de menaces & d'outrages. Combien de fois les voisins accourans aux cris de cette pauure petite, l'arracherent-ils d'entre les mains de cette furie acharnée sur elle, & ne se pouuant assouuir de ses souffrances. On luy a souuent veu le corps tout deschiré de coups de fouets, les bras meurtris de coups, les yeux noirs & pochez, & le visage tout défiguré. A quels Ministres, Diacres, Anciens, Surueillans ne la fit elle parler, sans que iamais elle voulut donner entrée en sõ ame à leur nouuelle & pernicieuse doctrine. C'est merueille comme vn arbriseau si ieune ait peu

soustenir

ſouſtenir tant d'orages ſans perdre la racine qu'il auoit pris en l'Egliſe cette terre benite dont Dieu a oſté la captiuité. Mais comme Dieu eſtoit ſon Maiſtre, il eſtoit auſſi ſa force & ſa deffen-ce, ſon aſyle & ſon pro-tecteur, ſon refuge & ſa ſauuegarde. Elle alloit de temps en temps conſulter ſon oracle, qui eſtoit le bon Meſſire Yues, qui apres le Sacrement de Reconcilia-tion luy adminiſtroit celuy de l'Eucariſtie, ce pain des forts, ce pain qui affermit le cœur de l'homme, ce pain des Anges, ce pain celeſte, ce pain de vie que Dieu a mis ſur la Table du Sainct Autel pour nous ſeruir de bouclier contre les efforts de toutes les tribulations. A la fin les eaux des angoiſſes creurent tellement qu'elles arriuerét iuſques à troubler l'ame de cette petite, car quel courage pour grand qu'il fuſt euſt pû touſiours reſiſter à vne continuelle tempeſte, quel vaiſſeau pour bon qu'il ſoit ne menace de faire naufrage, tourmenté par vn orage ſans relaſche & ſans intermiſſion. Elle fut contrainte s'abbatre ſous l'effort d'vne violente maladie qui la mena aux portes de la mort, & parce qu'elle demandoit continuellemét l'assistance d'vn Prestre, son pere & sa mere au lieu de l'assister l'abandonnoient en cet estat deplorable à toute sorte de souffrance. Ils firent venir des Surueillans pour luy parler: mais elle fermoit ses oreilles à leurs discours, tournoit les yeux de l'autre costé, & quand ils s'approchoient elle esleuoit ses foibles bras comme pour les repousser, ou au moins pour leur faire signe qu'ils n'auoiét aucune part en elle & qu'ils se retirassent. Il y en eut vn impitoyable iusques à ce point de dire à la mere: voila vne meschante petite creature, si i'auois vn pareil enfant ie l'estranglerois de mes propres mains, parole de l'Euangile reformée, & qui fut peut estre la semence de l'execrable action que nous verrons à la fin de cette lamentable Histoire. Comme Dieu n'abandonne iamais les siens, & ceux qui le recherchent de tout leur cœur, il auint à cette petite ce que l'on dit qui auient aux petits des corbeaux que leurs peres abandonnent dans le nid, les voyans gris

& d'vn plumage different du leur, car alors la Prouidence celeste les nourrit auec vn soin tout particulier, soit par la rosée qu'elle faict tomber dans leur gorge beante, soit par quelques mouscherons qui s'y viennent rendre, soit par le ministere de quelques autres oyseaux de differente espece. Ce qui a faict dire au Psalmiste que Dieu nourrit les animaux de la terre, & les petits des corbeaux qui inuocquent son secours. Les Medecins & beaucoup plus les medecines manquant à cette pauure malade, dont le pere & la mere souhaittoient plustost la mort que la vie, & qui ne la nourrissoient que du pain de douleur & de l'eau des larmes, quelques voisins ayans appris qu'elle estoit aux extremitez, poussez de compassion l'allerent visiter, ils la trouuerent sur la paille en vn coin de la maison, où l'on n'eust pas faict coucher vn chien. Là ils la consolerent & soulagerent comme ils purent, & sçeurent d'elle ce que nous venons de dire, & que du depuis elle declara à Messire Yues du mauuais traictement que luy faisoiés ſes parens à cauſe de ſa Religion, & de la venuë des Surueillans pour la ſeduire. Meſſire Yues en fut auerti, à qui Dieu ayant donné du zele & vn ſoin particulier de cet ame, il ſe porta auſſi-toſt en ſa maiſon, ou Aliſe & Simon luy refuſerent l'entrée, l'appelans Satan & faux Prophete. Il leur remonſtre amiablement, qu'il n'eſtoit ny l'vn ny l'autre: mais que ſelon le deub de ſa charge & le commandement de Monſieur le Curé de S. Iacques du haut-Pas il venoit viſiter leur fille qui eſtoit Catholique & leur parroiſſienne, ſa fille ſpirituelle , & qui eſtant lors malade auoit beſoin d'eſtre aſſiſtée, conſolée & exhortée en vn eſtat ſi dangereux. Les parens repliquent quelle eſt de leur Religion, quelle a eſté à Charanton au preſche plusieurs fois, & qu'ils ſçauront bien faire venir leurs Paſteurs pour l'exhorter quand il en ſera beſoin, la deſſus proteſtations & conteſtes. Meſſire Yues ſe pouruoit à la Iuſtice du lieu, demandant d'eſtre admis aupres d'vne oüaille de la bergerie de l'Egliſe, ce qui luy eſt accordé, il eſt aſſiſté en cette viſite, ou à la confusion des parens, Anne fit vne protestation de la foy Catholique, & asseura qu'elle y vouloit viure & mourir, & de n'auoir iamais esté à Charanton que par contrainte. Qui eust alors pris garde à la contenance des parens forcenans de courroux, eust eu suiet de dire à leur occasion ce verset du diuin Chantre: le pecheur verra le iuste & entrera en furie, il fumera & grincera des dents: mais tous ses desseins periront malheureusement. La Iustice leur commanda, ce qui leur deuoit estre assez recommandé par la nature s'ils n'en eussent point perdu le sentiment par leur fureur, qu'ils eussent à auoir soin de la vie & de la santé de cette pauurette, à la traicter auecques plus de douceur qu'ils n'auoient faict par le passé, & les menaça de grosses peines s'ils la violentoient contre ce qui est porté par les Edicts en la liberté de sa Religion Catholique, dont elle venoit de faire vne si franche & occulte declaration, & s'ils empeschoient qu'elle ne fust visitée par le Curé du lieu, ou les Prestres qui au-roient pouuoir de luy pour receuoir d'eux les instructions & consolations qu'ils estimeroient luy estre vtiles, & les Sacremens qu'ils iugeroient luy estre necessaires: C'est ainsi que Dieu estend la verge ou le sceptre de sa vertu du milieu de Syon, pour establir son Empire au milieu de ses ennemis. La crainte des chastimens range les plus meschãs, sinon de volõté, au moins à quelque apparence de deuoir, la peur qui emeut ces mauuais parens du bras de la Iustice, fit qu'ils dissimulerent leur farouche courage, à la façon de ces bestes cruelles qui font les douces & les priuées quand elles se voyent prises. Les voisins du quartier presque tous Catholiques visitent & soulagent cette petite creature, & par leur assistance, la verdeur de son âge & la bonté de sa constitution naturelle, en peu de temps elle vint à conualescence. Alors recommencerent les tempestes & les efforts des impitoyables parens pour la faire aller à Charanton, à quoy elle s'opposa auec tant de generosité qu'il ne fut iamais en leur puissance de l'y conduire. Renduë prudente par le conſeil de Meſſire Yues, elle proteſte de faire ſes plaintes à la Iuſtice ſi on la preſſe dauantage, & ſi on la veut forcer en ſa Religion, ce qui eſt vn mords & camorre aux maſchoires deuorantes des barbares parens. A la fin la tourmente s'enfla de telle ſorte que toute reſiſtance fut vaine, & quand ſon corps euſt eſté de diament il ſe fut en fin briſé ſous tant de coups. La mere ne luy parloit plus qu'auecque les poings, le pere qu'auecque les pieds, les verges furent changees en baſtons : car quand aux maledictions qui estoient des benedictions pour cette innocente, c'estoient les fleurs de leur Rethorique, & des roses qu'ils luy iettoient au visage. La place n'estant plus tenable il falut imiter le roseau qui resiste en cedant, & faire large à ce torrent de fureur qui ne pouuoit estre arresté par aucunes digues. Vn Marchand de mercerie logé aupres du Palais, parens de sa mere, & qui auoit autrefois negotié auec son grand pere la retira en sa maison en qualité de seruante, l'occupant à gouuerner plusieurs petits enfans que son Mariage luy auoit produits. Noſtre petite Anne pouuoit auoir deſ-ja treize ou quatorze ans, aage bien tendre pour vn trauail ſi penible & où il faut tant d'attention, neantmoins elle s'en acquittoit auecque tant de diligence & de ſoin, & vne prudence tellement eſleuée au deſſus de ſon aage, qu'elle en eſtoit en l'admiration de ſon maiſtre & de ſa maiſtreſſe. Retirée de cet Enfer de miſeres qu'elle auoit reſſenties en la maiſon de ſes parens, elle penſoit eſtre en vn Paradis, principalement ſe voyāt non ſeulement en la liberté de ſa conſcience, mais parmy des perſonnes Catholiques bien viuantes & qui craignoient Dieu, auec qu'elle ioye accompagnoit-elle ſa maiſtreſſe à l'Egliſe, & y conduiſoit-elle les petits enfans qu'elle auoit en charge: Mais comme il n'eſt point de roſeau ſans eſpines, ſon déplaiſir eſtoit d'eſtre tellement occupée & accablée de trauail, que meſmes les iours de Dimanche & de Feſte à peine auoit elle le loiſir d'aller aux diuins Offices & de vacquer aux actions de deuotion, où elle ſe ſentoit extraordinairement attirée.

Quelquefois elle alloit vers ſon Ancien Oracle Meſſire Yues, à qui Dieu auoit donné vn zele particulier pour cette ame, mais c'eſtoit ſi rarement, ſoit à cauſe de l'eſloignement des quartiers, ſoit pour ſes continuelles occupations qu'elle ne pouuoit pas tirer grande vtilité de ſes enſeignemens. Dieu qui poſſedoit entierement ſon cœur & ſes penſees la rédoit quelquefois ſi recueillie & ſi retiree, qu'elle en paroiſſoit toute reſueuſe & melancolique, & sembloit à ſa maiſtreſſe qu'elle en fuſt moins ſoigneuſe & diligente, quoy qu'elle ne manquast à rien de ce qui luy estoit commandé. A la fin pour vne fille destinee au trauail, elle la trouua trop deuote, & la vehemente inclination qu'elle auoit à prier Dieu dans la maison & d'aller le plus souuent quelle pouuoit à l'Eglise, passa pour vn deffaut en l'opinion de ceux qu'elle seruoit. O monde que tu és indulgent à ceux qui sont à toy, & que tu és inegal & seuere aux enfans de Dieu, aux personnes deuotes. S. Hierosme faisant l'Eloge de la bien-heureuse Paule sa grande fille ſpirituelle, Eloge qu'il appele du nom d'Epitaphe, dit d'elle que la plus grande imperfection qu'il euſt iamais remarquée en cette ame ſaincte eſtoit le trop tendre ſentiment qu'elle auoit pour ſes parens, & que quand il luy arriuoit en Bethleem où elle s'eſtoit retiree, nouuelle de la mort de quelqu'vn elle en deuenoit ſi fort & ſi long temps affligee, que l'on auoit de la peine à remettre ſon eſprit & ſon corps en tranquilité & en ſanté, & il aſſeure cela en ces beaux termes. I'atteſte Ieſus, dit-il, à qui elle a ſeruy auec que beaucoup de fidelité, que c'estoit là vne des plus grandes imperfections de cette saincte ame, & que ce qui couronne les personnes vulgaires de la gloire d'auoir le naturel bon, c'estoit vn de ses manquemens, si bien que les vertus communes estoient en quelque façon ses vices. Iugez si nous n'auons pas droict de dire quelque chose de semblable de nostre petite Anne, puisque la deuotion qui est la vertu des vertus, veu qu'elle n'est autre chose qu'vne ferueur en l'exercice & en la pratique des autres vertus, estoit le plus grand deffaut que ceux qu'elle seruoit trouuoient en elle. Traict comme ie croy de la Prouidence qui la voulant attirer à vne escole de plus grande perfection, permit qu'elle sortit de la maison de seruitude pour aller iouïr dans le desert de la retraicte & de la penitence de la manne des consolations spirituelles, pour de là passer en la terre des viuans, en la terre de promesse à trauers la mer rouge de son propre sang. Messire Yues qui estoit son refuge en toutes ses tribulations, luy prepara à la sortie de cette maiſon vne demeure toute ſainte & conforme à ſon deſſein pieux, & aux mouuemens du S. Eſprit qu'elle reſſentoit en ſon cœur. Et pour marque de la ſatisfaction qu'elle auoit renduë en ſon ſeruice, outre ſes gages ſa maiſtreſſe l'habilla & luy donna d'autres commoditez, prenant pour pretexte du congé qu'elle luy donnoit, non le ſujet veritable qui eſtoit de la veoir trop appliquee aux actions de deuotion: mais qu'elle n'eſtoit pas aſſez robuſte & n'auoit pas vn corps aſſez fort pour ſupporter tant de trauail que celuy qui estoit necessaire pour la charge qui luy estoit commise. Non loin du Monastere des Vrselines, & de celuy de S. Magloire ; il y auoit vne maison que plusieurs pauures filles auoient loüée, ou elles viuoient du trauail de leurs mains en vne espece de communauté. Il y a dans Paris plusieurs telles assemblees ou beaucoup de bonnes filles qui font profession de deuotion, se rangent comme dans les cachettes du visage de Dieu pour éuiter le trouble du monde, & la conuersation du siecle.

Helas! combien y en a-t'il de cette condition qui tiendroient pour le dernier point de leur mortelle felicité si elles pouuoient estre Religieuses, & entrer dans les Cloistres en qualité de sœurs conuerses, ou de pauures seruantes, eslisant plustost auecque le Diuin Châtre d'estre abiectes dans les maisons consacrées à Dieu, que de faire leur residence dans les Palais du monde, qui sont pour l'ordinaire des tabernacles de pecheurs. Mais estant tombé par hazard sur ce propos il faut que ie quitte pour quelque peu d'espace d'eſpace le fil de mon Hiſtoire pour deſcharger mon courage dans vne petite digreſſion. Ah! nous admirons tous les iours l'ingratitude & la meſconnoiſſance des Hoſteliers de Bethlehem qui à la naiſſance du *Sauueur* refuſerent de receuoir en leurs logis la Sainte Vierge qui le portoit encore dans ſes flancs Virginaux, & le bon S. Ioſeph conducteur & gardien de ce iardin clos, de cette Mere de noſtre Redempteur. Mais que dirons nous de ces Monaſteres de Religieuſes bien fondez & rentez qui reiettent de leur contrée tant de sainctes filles qui ont Iesus tout formé dans leurs cœurs, pour parler auecque l'Apostre, qui sont toutes reuestues sinon des habits au moins des habitudes de Iesus à cause qu'elles sont pauures, comme si ces maisons ou les plus riches en y entrant font vœu de pauureté estoient semblables au Palais du Roy d'Espagne, où l'on n'entre qu'auecque des clefs dorees. Certes ie ne croi pas que ce fut iamais ny l'intention des Patriarches & Instituteurs des Ordres, ny des fondateurs des Monasteres que la porte fust close aux filles qui n'apporteroient rien que cette paix qui est promise par les Anges aux personnes de bonne volonté. Helas! celles dont ie parle en ont presque de reste, prestes à se sacrifier à toutes les mortifications, austeritez & suietctions de la regularité, pourueu qu'elles puissent iouïr de ce bon heur d'estre attachees auec les trois vœux, cóme auecque trois clouds mystiques à la Croix du grand Sauueur, & luy appartenir à iamais sous le glorieux tiltre de ses Espouses sacrees. O Dieu hé! que deuiendra icy la parole de vostre Prophete, ou plustost la vostre sortie par la bouche de cet homme que vous inspiriez , lors que vous disiez par luy à l'ame qui recherche vostre face de tout son cœur, Tu ne seras plus ditte la delaissee, l'abandonnee : mais tu seras appelee, ma volonté en elle. Certes ces pauures mais sainctes creatures dont ie parle, vous disent assez que vous estes le Dieu de leur cœur & la part de leur heritage pour iamais, qu'elles ne veulét que vous & que vostre amour ne reside pas seulemét dans leurs affections, mais preside sur toutes leurs volontez, elles vous chantent & rechantent auecque vostre Psalmiste, que voulons nous au ciel & en la terre, sinon vous seul, elle vous desirent nuict & iour, vous estes le bien aymé de leurs vœux, vous estes comme tout desirable aussi tout leur desir, elles n'aspirent qu'à vous, elles ne respirent que vous, elles ne souspirent que pour vous, elles n'esperent que vous, que ne leur accordez vous le desir de leurs ames, ô le desiré des nations, puisque vostre seruice aussi bien que vostre nõ est tout leur souhait. La dilection qu'elles ont pour vous les presse, cette charité les oppresse, que deuiendra vostre promesse, venez à moy vous qui estes trauaillez & angoissez, & ie vous soulageray, elles sçauent que vostre ioug est doux, vostre fardeau leger, que ne le mettez vous sur leurs espaules. Le cerf mal-mené de la murte affamee, fuyant bas & pantelant, ne recherche point tant les eaux des fontaines viues pour y esteindre la soif qui le brusle, comme elles vous recherchent! ô ſource de vie pour y eſtancher la ſoif, & y raſſaſier la faim de iuſtice qui les tourmente. Vous qui logez en des nids, les paſſereaux & les toute belles, n'ouurirez vous iamais le pied de vos Autels, & la porte de vos maiſons à ces colombes qui ſe veulent refugier aux trous de la muraille, aux cauernes des maſures. Sans ceſſe elles vous crient que bien-heureux ſont ceux qui habitent dans les lieux où vos loüanges ſont continuellement chantees, ne iouïront elles iamais de ce bon-heur que d'y pouuoir entrer par vne autre porte que la dorée & specieuſe. Vn iour en ces ſaincts lieux vaut mieux que dix mille dedans le monde, leurs yeux ſont touſiours retournez vers voſtre bonté, en luy diſant, hé quand nous conſolerez-vous bonté ſouuerainement aimée, & de nous incomparablement aimee, & quand tirerez vous nos pieds des lacqs & des pieges dont toute la terre eſt couuerte. Nous crierons ſans ceſſe apres vous comme de pauures Cananees, que nous puiſſions recueillir les miettes qui tombent de la table de ces dames qui estans vos espouses sont autant de Reines. Nous vous importunerons sans cesse iusques à l'intherinement de ces iustes requestes, & nous ne vous lascherons point que vous ne nous ayez octroyé cette benediction de nous introduire en ces sacrez celiers, en ces saintes cellules que nous tenons pour des Cieux, de nous admettre en ces maisons de nos meres, dans les chambres de celles que nous tiendrons plus cheres que celles qui nous ont engendrees, si elles nous veulent enfanter à vous selon l'esprit. Regardez-nous bon Iesus comme des Magdeleines attachees à vos pieds, & nous vous demandons cette vnique grace qui en contient tant d'autres, & qui embrasse tout ce qui est necessaire pour nous acheminer à nostre salut eternel; c'est de demeurer dans les maisons consacrees particulierement à vostre seruice tous les iours de nostre vie, pour iouïr des delices spirituelles, qui se ressentent à la suitte de vos parfums, & aux frequentes visites de vostre temple. C'est en ces aziles sacrez que sans crainte deliurees de nos ennemis, le siecle, le sang, l'Enfer, nous vous pourrons adorer & demeurer deuant vous en sainteté, en iustice, & en l'estat de perfection, tout autant de iours qu'il vous plaira que la terre nous porte, & que le Soleil nous esclaire. O Dieu deuant vous sont tous nos desirs, & nos souspirs ne vous sont pas cachez, faite nous donc cette misericorde que de nous mettre à labry dans la cachette de vostre visage, & de nous loger parmy celles qui ont l'honneur de vous estre indiuisiblement liees. C'est icy quelque idée des souspirs de ces bonnes ames, dont pleust à Dieu que celles qui les reburrent fussent autant touchées que le furet les amis de Iob lors que le voyans sur son fumier, ils transsirent en oyant ces paroles qui sortoient de sa bouche, Ayez pitié de moy, helas! ayez pitié de moy au moins vous mes amis qui m'auez fait tant de protestations de bien-veillance. I'ay grande peur que celles qui commandent dans les Monasteres, qui ont des grands reuenus & capables de nourrir beaucoup plus de seruantes de Dieu qu'elles n'en reçoiuent, ne respondent vn iour estroittement deuant Dieu de tant de sainctes vocations reiettees, & que le sang & la perte de ces ames là ne se trouue dans leurs mains & qu'elles n'en soient puissamment chastiees. Qui ne retire de la mort en le pouuant faire vn homme qui est en danger de se pendre se rend complice de sa ruine. Que si au iour des dernieres assises du monde la sentence irreuocable de l'eternelle reparation se donne sur les œuures de misericorde non exercees, & si le mauuais riche n'est dans les enfers que pour auoir laissé le lazare à sa porte languissant & souspirant, estant bien raisonnable que le Iugement se face sans pitié à l'impitoiable, tirons d'icy celles de la qualité dont ie parle, si elles passent les yeux sur ces lignes les instructions necessaires pour leur salut. Et qu'elles apprehendent d'oüir vn iour prononcer contre elles non ces paroles, mais ces foudres, i'ay esté pelerin sur la terre & vous ne m'auez pas retiré chez vous, i'ay esté abandonné & vous ne m'auez pas accueilli, i'ay voulu euiter le naufrage de la mer du monde, & vous m'auez fermé le port de la Religion me le pouuant ouurir. Certes pour la misere des pauures, & le gemissemens des necessiteux, ie me leueray en iugement, dit le Seigneur, par la bouche de son Psalmiste. Ie sçay que les maisons qui ne sont pas suffisamment fondees & qui n'ont pas dequoy entretenir celles qui se presentent, ne sont pas tenuës à leur reception, nul n'estant obligé à l'impossible selon la regle de nature & de droict. Mais ie sçay aussi que là où il y a dequoy, ce refus n'est pas sans crime. Qu'vn pauure, dit S. Iacques, se presente en vne compagnie eust il tant de sagesse & de vertu qu'il vous plaira; chaqu'vn demandera comme par mespris qui est cette personne, mais si quelqu'autre arriue bien vestu & ayans des bagues d'or & de riches paremens, chacun luy fait honneur & le reçoit auecque le meilleur accueil qui se peut souhaitter. C'est ainsi que l'or se fait voir par tout dans les places les plus fortes, dans les tours autrement

impenetrables & inaccessi-
bles. Si est-ce contre la ma-
xime du Fils de Dieu qui
deffend l'acception des per-
sonnes, ou s'il en faut que ce
soit tousiours pour preferer
le pauure au riche, comme
ayant plus de besoin de se-
cours, & comme plus pro-
che membre du corps misti-
que de Iesus-Christ. Il est
vray que s'il y a en la terre
vn Paradis il est en la Reli-
gion, à raison de quoy il ap-
partient aux pauures selon
qu'il est escrit, bien-heu-
reux les pauures car le Roy-
aume des Cieux est leur he-
ritage. Et qui ne sçait cette

voix des Canons & des Peres que les biens de l'Eglise sont le patrimoine des paures. A quel propos donc reietter des filles d'or en vertu & perfection parce qu'elles n'ont point d'argent pour leur doüaire, comme si leur Espoux qui est le Dieu des Vertus demandoit d'elles autre dots que des bonnes habitudes. Certes si cet Ancien Gentil disoit d'vne façon non moins sage & iudicieuse que gentille, qu'il aymoit mieux pour gendre vn homme qui eust besoin de richesses, que des richesses qui eussent beſoin d'homme, voulant tirer de là que qui a des biens ſans eſprit pour les meſnager & conſeruer les perd facilement, & qui a de l'eſprit ſans des biens en acquiert facilement & ne meurt iamais pauure: nous pouuons aſſeurer auecque beaucoup plus de verité qu'il vaut beaucoup mieux pour les maiſons Religieuſes de receuoir des perſonnes pauures, & de bon eſprit, & de ſainĉte vie, que des riches ſans iugement & ſans deuotion. Cependãt vous diriez que nous ſommes reuenus au temps de la decadence de l'Empire Romain, où ce Satirique disoit d'vn ton mordant: ô mes amis il faut premieremẽt auoir du bien, & puis s'addonner à la vertu tant que l'on voudra, les richesses doiuent aller deuant & porter le flambeau. Comme aux mariages du monde on demande plustost d'vne fille combien elle a d'escus que de bonnes qualitez, aussi aux spirituels qui se font par la prise du voile, on mesure plustost la reception à la somme que l'on presente, qu'à celle de la pieté. Apporte t'elle beaucoup, que sa vocation est excellente, ſans doute elle eſt bien inſpirée, Dieu la demande, elle fera des merueilles, n'a t'elle rien elle n'eſt pas propre pour la Religion. S. Pierre eſtoit bien eſloigné de cette penſee quand il renuoya en la malheure, celuy qui pour de l'argent penſoit acquerir les dons du Sainct Eſprit. L'on n'y penſe pas autrement: mais cependant il eſt vray que de là vient le deſordre des Monaſteres des Religieuſes, parce que receuant des filles riches qui n'ont aucune vocation d'enhaut, elles cauſent en la ſuitte de leurs vies des troubles & quelquefois des ſcandales. Au lieu que les pauures qui ſeroient bien & ſainctement appelées y apporteroient beaucoup de luſtre & d'edification. Les premiers Eueſques qui viuoient du temps de la naiſſance & pauureté de l'Egliſe eſtoient des Prelats tout d'or en leurs mœurs & ſaincte vie qui n'auoient que des croſſes de bois, mais depuis que l'abondance & le luxe a gaigné l'auantage, les croſſes d'or ne ſont tenuës que par des Eueſques de bois. Depuis que l'or a couuert les

Monasteres des filles il n'y est gueres entré d'esprits de valeur, mais quand on y entroit par la porte de la pauureté on si maintenoit en vne bonne discipline. Rome se fit Reine du monde tant qu'elle demeura pauure, ses richesses ruinerent son Empire & sa grandeur. La deuotion par la suitte du temps a engendré les richesses: mais ces mauuaises filles viennent par apres à suffocquer la mere. L'Euangile rend l'accés du Paradis fort difficile au riche par vne similitude qui bat à l'impossible, mais nous pouuons dire que l'entree du Paradis dont nous parlõs n'eſt pas moins acceſſible aux pauures filles. Ie ſçay vn Monaſtere celebre de Religieuſes qui a vingt cinq mil liures de rente, où l'on ne pouuoit mettre vne fille qui ne fuſt de grande maiſon, & pour des ſommes immenſes, elles n'y eſtoient que douze qui eſtoient fort mal traictees, l'Abbeſſe diſſipant cette ſubſtance ſi prodigalement & ſi mal à propos qu'elle fuſt depoſee. Depuis celle qui y fut miſe pour y eſtablir la reformation y en mit quarante ou cinquante

pauures

pauures, mais bonnes filles qui font maintenant des merueilles à la gloire de Dieu, & à la splendeur de tout l'ordre: mais tous n'ont pas la science de Dieu, tous n'ont pas l'esprit & la pieté de cette sainte & genereuse Dame qui a commencé cette grande œuure, & poussé iusques à sa consommation & perfection cette courageuse entrepise. Encore si au sexe infirme qui a plus de besoin de secours & de protection que celuy à qui Dieu a donné la domination, estoit en ce suiet aussi fauorisé que les hommes qui ſont receus dans les Monaſteres des Religieux ſans y rien porter que leurs corps, & vne ferme volonté de bien faire, ce ſeroit certes vne grande benediction. Que de filles qui ſe perdent ſe ſauueroiét par ce moyen, & combien d'autres qui languiſſent dans vne deuotion diſetteuſe ſeroient ſoulagées en leurs corps, & perfectionnées en l'eſprit. I'ay pouſſé cette digreſſion qui adiouſtera comme ie croy quelque ſorte d'aiancement, non inutile en cette Hiſtoire ſur le ſuiet de noſtre petite Anne, dont les souhaits eussent esté à leur cime si elle eust pû arriuer d'estre seruante en vn Monastere où elle se fust iettee comme en vne cité de refuge, & comme vn herisson dans vn coin de rocher. Et que sçait-on si Dieu ne demandera point conte de son sang aux lieux où elle a estê reiettée. Mais comme tout coopere en bien à ceux qui sont bons, & que Dieu veut appeler en la part de ses Saints dans la lumiere de sa gloire, peut-estre qu'il a permis ces rebuts pour luy donner vne plus glorieuse couronne, meslant à la blancheur des lis, la sanglante couleur des roses vermeilles, ainsi que nous verrons à l'issuë de ce Narré.

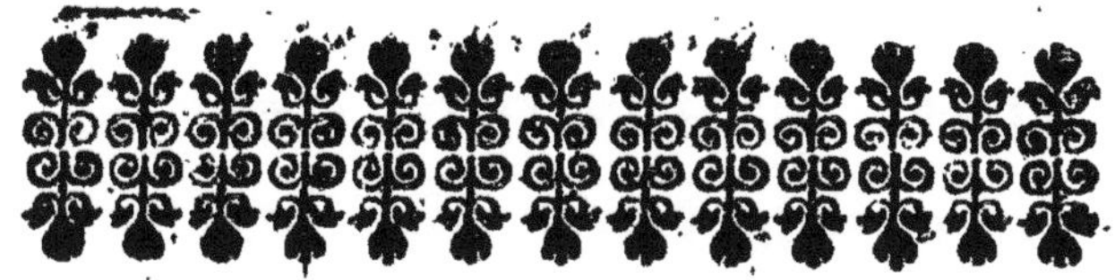

MARIANNE.

LIVRE SECOND.

TAnt y a, pour reioindre le fil de nostre Histoire, que Messire Yues rengea cette bonne fille dans vne maison ou quelques autres estoient ramassees, qui se deffendoient de la faim par leur trauail continuel, & qui au reste viuoient en commun & à la façon des Religieuses. Ie ne puis mieux comparer ces réduits particuliers qu'aux nids des Alcyons qu'ils font sur les eaux de la mer, & les bastissent de telle sorte que les flots ne peuuent, ny les submerger, ny les penetrer. Ces nids sont tous enuironnez d'eau, & ils flottent dessus comme des petites barques, mais iamais ils ne la reçoiuent au dedans, la mer mesme toute cruelle qu'elle est, change son naturel & deuient calme & tranquille tandis que cet oysillon faict ses petits & qu'elle les porte sur son dos. Les assemblees de filles deuotes, mais pauures dont ie parle sont bien en quelque façon dans le monde, puisque leurs demeures ne sont que de loüage, puisqu'elles vont dans le monde pour chercher leurs necessitez, & rendre leurs ouurages à ceux qui leur font la charité de les employer & de leur faire gaigner leur vie, puisqu'elles vont aux Eglises, soit Parroissiales, soit Conuentuelles pour y entendre la parole de Dieu & les saincts Offices, & y receuoir l'vsage des Sacremens de Penitence & d'Eucaristie, mais encore qu'elles soient dans le monde, le monde n'entre iamais chez elles, il y a vn espece de closture qui exclut les hommes de leurs retraictes, pour ne donner suiet d'offense & de murmure aux yeux loûches, aux iugemens trauersez, & temeraires des malings medisans. Elles viuent ainsi dans les obscuritez entre les morts du ciel, connuës de Dieu, inconnuës au monde, & en cela semblables à celuy qui venant au monde pour le salut du monde, n'a pas esté cogneu & beaucoup moins recogneu du monde. Heureuses filles si elles pouuoient (ce que le grand Poëte des Romains dit des gens de Village) reconnoistre comme il faut leur felicité, ouy; car il est certain que si la pauureté Monastique à cause du vœu est tellement estimée que selon plusieurs Docteurs elle met ses sectateurs en l'estat de perfection: selon le iugement du Maistre des Docteurs, & de celuy qui estant la lumiere du monde est venu enseigner la science aux hommes, la practique de cette vertu met en la perfection mesme, selon qu'à dit l'Oracle de la Verité, si tu veux estre parfaict, va vends tout ce que tu as & le donne aux pauures & te mets à ma suitte. Et à dire la verité qui ne voit qu'vne pauureté conuentuelle, & voüee qui consiste au desnuement de la proprieté, au reste assistee, secouruë, aidee en toutes les necessitez humaines des bras & des moyens de toute vne communauté, n'a de la pauureté que les restes de la gloire qui reiallit de cet estat Sainct & Euangelique, & de l'honneur qui reuient d'auoir tout abandonné pour l'amour de Dieu, mais non pas les espines piquantes & cruelles, ou plustost les pointes dures des clouds de diamant de la necessité, selon le langage d'vn Ancien Lirique. Et qu'au rebours la pauureté de ceux qui viuent dedans le siecle ou cette qualité est autant en horreur que le vice & la lepre, estant mesprisee, rebuttée, delaissee, est d'autant plus difficile à supporter qu'elle a moins d'assistance, & d'autant plus meritoire si elle est patiemment supportee & pour l'amour de celuy qui l'enuoye sans le choix de celuy qui la souffre, qu'elle est moins esclatante, glorieuse & reueree. Telle est celle de ces pauures filles dont ie parle qui endurent quelquefois des necessitez & des miseres sans se plaindre en leurs petites communautez, qui feroient fendre les cœurs de marbre si elles estoient cogneuës, & qui feroient naistre la pitié dans les choses que la nature mesme a despourueuës de sentimens. Ce fut en l'vne de ces escoles que nostre petite Anne fut preparée de Dieu aux souffrances qui luy acquirent la palme que maintenant elle tient dans les Cieux. La elle apprit la bonté, la discipline, & la science des voyes de Dieu, sinon auecque tant de subtilité & de perfection que dans les Monasteres reformez, au moins auec assez de candeur & de simplicité. Vous eussiez creu que ces filles qui n'auoient comme les premiers Chrestiés qu'vn cœur & vne ame puisque leur ame & leur cœur estoit IESVS-CHRIST leur vnique amour & pretension, imitoient en quelque sorte l'œconomie des abeilles qui voltigent çà & là à la picoree des fleurs pour faire dans leurs ruches des rayons de miel. Aux iours destinez au trauail elles donnoient peu de temps aux fonctions de Marie: mais beaucoup à celles de Marthe parce que la necessité de la vie les poussoit au trauail, ainsi elles pratiquoient à la lettre ces paroles sacrées, qui ne trauaillera ne mangera point, & cet autre va à la fourmi paresseux: Mais aux Dimanches & aux festes toute leur occupation estoit d'aller aux Eglises, receuoir les Sacremens, entendre la saincte parole de Dieu, & conferer des choses de l'esprit auecque des personnes sainctes.

& Religieuſes. Anne viuoit ainſi auecque des contentemens qui paſſent le moyen de les redire ſe voyant deliurée, & des tempeſtes & des tourmens qu'elle auoit endurez chez ſes parens, & des ſoings & des contraintes dont elle eſtoit genée eſtant en ſeruice. Car à dire la verité l'eſprit de pieté en vne ame tendre & qui iette de petites racines en la vertu eſt eſtouffé parmy les tumultes & les ſoucis, en la meſme façon que les plantes ſont ſuffoquées de trop de pluye, & les lampes s'eſteignent quand on y met trop d'huyle. Deliurée de tous ces fardeaux il ne faut pas s'estonner si elle viuoit aisément en la lice du bien, allant tous les iours de vertu en vertu, & croissant en vertu & en sagesse: comme vne aube qui en s'auançant ameine le plein iour. Elle auoit de grandes dispositions à receuoir les instructions necessaires à son auancement spirituel, qu'il ne faut pas s'estonner si la grace ne fut pas vuide selon le langage de l'Apostre, c'est à dire inutile en elle. Iamais elle ne trouua rien de difficile en la voye de Dieu, les montagnes s'applanissoient & les vallons se rehaussoient deuant elle pour luy en rendre le chemin vni. Et de quelques espines que l'on seme & enuironne les sentiers de la perfection, elle y croyoit marcher sur des roses. Il n'y auoit que ses parens qui comme des Michols se mocquoient de sa deuotion & regardoient d'vn mauuais œil sa saincte conduitte. Ils mesdisent de tout ce qu'elle fait appelans le bien mal, mettans les tenebres en la place de la lumiere, & donnans des noms de vices aux plus insignes vertus qui esclattoient en cette seruante du Crucifié. Sa deuotion leur estoit vne bigotterie, sa modestie estoit appelée hypocrisie, tout son procedé papistiquerie. Mais il ne le faut pas trouuer estrange puisque le zele immoderé de l'erreur qu'ils suiuoient sous le nom de Religion, faisoit en leurs iugemens preocupez le mesme effect que le verre coloré qui fait paroistre de sa mesme couleur tous les obiects que l'on regarde au trauers. Mais par où ils pensoient auoir plus de prise sur cette innocente, c'eſt en luy reprochãt le peu d'eſtat quelle faiſoit d'eux, comme ſi pour eſtre Catholique elle eſtoit diſpenſee des deuoirs que la loy de Dieu veult que l'on rende à ceux de qui l'on tient la vie. Ces reproches ietterent des ſcrupules en l'eſprit de cette fille, qui conſultant là deſſus ſes directeurs les trouua de diuers auis: car les vns luy diſoient qu'elle deuoit éuiter le rencontre de ſes parens comme des eſcueils, parce qu'elle les deuoit conſiderer comme infectez d'hereſie, & que pour la foy auſſi bien que pour l'amour de Dieu il falloit abandonner, pere, mere, & tout: Le Sauueur mesme ayant comme descousu ces liens de chair & de sang, ne reconnoissant pour pere & pour mere que ceux qui feroient la volonté de son Pere celeste, ce que les Heretiques ne font pas. Mais l'opinion contraire ne manquoit pas de raisons & fortes & probables, qui iointes à l'inclination naturelle qu'elle auoit d'aimer & de seruir ses parens, quelque mauuais traittement qu'elle en eust receu, la firent pancher de ce costé là. Elle va donc quelquefois les visiter, où tantost elle reçoit de bons, tantost de mauuais visages. La mer à ce que l'on dit, symbole de l'inconstance change de couleurs selon la varieté des vents qui l'agitent, & ces parens tantost emportez d'vn faux zele & d'vne veritable colere, tantost couuert de dissimulation, accueillent cette fille vne fois auecque des iniures & des reproches, vne autre auecque des flatteries & des complaisances cachans leurs mauuais desseins sous de diuers apparences à la façon de ces traistres qui succent la poiſon. Ces attraits pipeurs allechoiẽt cette fille à de frequentes viſites, ſi bien qu'il ſe paſſoit peu de Feſtes ou de Dimanches qu'elle n'allaſt rendre ſes deuoirs à ſes parens, s'enquerir de leur ſanté & leur offrir ſon ſeruice. Elle eſtoit touſiours accompagnee de quelqu'vne des filles de la compagnie où elle s'eſtoit rangee ; la prenant pour ſon Ange Gardien & pour le teſmoin de ſes actions. Mais comme ceux qui nauigent ſur vn riuage qui leur eſt incognu donnent quelquefois en des bancs où des briſans qui ſont cachez ſous l'eau, il auint que cette innocente fille penſa faire naufrage de ſon honneur ſi elle n'euſt eſté preſeruee par le Dieu ialoux, conſeruateur de ſon integrité. Elle eſtoit ſur le ſeiziesme an de ſon aage & en vne fleur de beauté, capable d'attirer beaucoup d'yeux à la conſiderer & à l'aymer ſi ſon extreme modeſtie n'euſt oſté toute eſperance de conqueſte. Neantmoins comme il n'y a rien de ſi ſacré qui ne trouue ſon ſacrilege. Le diable qui rode ſans ceſſe comme vn lyon rugiſſant pour attraper quelque proye, se seruit de ce beau visage pour peruertir le sens d'vn vieillard, homme de commoditez & marié qui demeuroit au voisinage d'Alise. Nul ne s'estonnera de la tentation & de la passion de cet homme à qui les ans deuoient faire leçon de froideur & de temperance, quand il fera reflexion sur l'aage de Dauid quand il tomba du ciel d'vne si longue grace dans les deux abysmes de l'adultere & de l'homicide : quand il considerera que Salomon qui fut si sage & si continent en sa ieunesse, deuint comme

comme insensé apres les femmes en sa vieillesse, & quand il iettera les yeux sur deux vieux tisons qui solliciterent la chaste & genereuse Susanne. Certes le vin & l'amour, dit le Sage, emportent le cœur des plus auisez, & il n'y a point de feu si ardant que celuy qui est caché sous la cendre d'vn long aage. Qui ne sçait que le bois sec brusle plus fort & plus aisément que le vert. Et que les Perses ont attelé de Cygnes blancs le chariot de leurs Venus, pour monstrer que sa puissance s'estend encore sur les vieillards &

quelle les rend ſes eſclaues en leur faiſant porter ſon ioug & ſuiure ſes loix & ſon triomphe. Encore que ceſtui-cy (à qui nous ne donnerons point d'autre nom que celuy de ſon aage, noſtre intention eſtant en toutes nos Hiſtoires de deſcrier les vices, mais de pardonner à la reputation & aux perſonnes des vicieux) encore diſ-ie qu'il ne viſt que rarement, & comme en eſclair cette beauté qui l'eſbloüiſſoit & luy faiſoit perdre la connoiſſance de ſoy-meſme, il ne laiſſa pas toutefois de s'en eſprendre ſi ardamment que mettant en oubly & son deuoir & la crainte de Dieu il abbaissa ses yeux comme les vieillards confondus par Daniel pour ne voir pas le ciel, perdant le souuenir de la Iustice Diuine. Il tascha plusieurs fois d'abborder cette fille pour la caioller & luy faire entendre l'effect de la passion dont elle estoit l'innocente cause, mais comme vne biche farouche elle fuyoit l'abbord des hommes, sçachant bien que les ames s'empoisonnent par l'oreille, comme les corps par la bouche, & que c'est vne qualité bien-ſeante aux Vierges prudentes de ſe deſtourner de la conuerſation de ceux qui les veulent ſurprendre. Ie ne dis pas que celles qui ſont libres & ſans voyes, & qui peuuent pretendre à vn legitime mariage ne doiuent eſcouter ceux qui les abordent auec cette honneſte pretention; parce que la fin iuſtifiant leur procedé, on ne le peut blaſmer que le blaſme n'en reialliſſe ſur vn Sacrement appelé grand, immaculé, honorable. Mais auſſi-toſt qu'il n'y a point d'apparence que le deſſein puiſſe eſtre iuſte, c'eſt le faict d'vne fille vrayment vertueuse & soigneuse de sa reputation, d'imiter la sagesse de l'aspic qui ferme l'oreille au chant de celuy qui fait iouer les appeaux pour le surprendre. Certes si nostre premiere Mere qui estoit alors encore Vierge n'eust point dans le Paradis terrestre escouté les trompeuses parolles du serpent nous ne serions pas plongez dans tant de miseres qui nous enuironnent, & qui ne sont que les tristes appats de cette funeste viande qu'elle gousta. Aussi est-ce le propre des Vierges Sages, dit le grand S. Ambroiſe de trembler comme des fueilles à l'abbord des hommes, ce qu'il preuue par l'exemple de la Vierge des Vierges qui euſt peur & fut ſaiſie d'eſtonnement quand l'Ange ſous la forme d'vn homme la ſalüa comme Mere de Dieu. Certes les Vierges portent vn threſor ineſtimable en des vaſes de terre, & comme celuy qui porte ſur ſoy quelque pierrerie de grande valeur, où vne ſomme notable tremble par les chemins à la veuë de ceux qu'il rencontre, elles doiuent auſſi auoir vne continuelle apprehension de ternir en aucune maniere cette fleur incomparable qui ne peut-estre cueillie qu'vne fois, car c'est vne perte que Dieu mesme selon S. Hierosme ne peut reparer, & comme celle du temps dont on ne se peut iamais r'acquitter. Telle estoit cette saincte, & chaste crainte que Dauid loge dans le ciel, mesme qui saisissoit l'esprit de nostre Anne, toutes les fois que ce vieillard l'accostoit, en la considerant attentiuement & fixement auecque des yeux pleins d'adultere pour vser des termes du

Prince des Apostres, & d'vne coulpe continuelle. La langue qui parle de l'abondance du cœur se repandoit incontinent en des termes affetez en de sottes & ineptes loüanges de sa beauté & de sa bonne grace, en des ris mignards, & en des actiós que ie ne puis mieux blasmer ny detester qu'en les enueloppans dans le silence. Le diable en ses suggestions prend le contrepied des bonnes inspirations, car quand les bons Anges nous suggerent de bons auis, ils commencent à nous imprimer la haine du mal pour nous en faire sortir si nous y sommes plongez, où nous en destourner si, nous y tendons, & de là ils nous inuitent à aymer & prier, & faire le bien au lieu que l'Ange de tenebres, ou pour soy-mesme, où par ceux qui luy seruent d'organes nous meine au precipice par l'auersion du bien où il verse de l'amertume, & puis de là il luy est aisé de nous pousser en la pante du mal iusques au profond de tous les mal heurs. Ainsi ceux qui veulent ruiner d'honneur vne femme mariée & la tirer dans les pieges qu'ils luy rendent rafchét à mespriser leurs maris & à leur rendre odieux ceux à qui elles doiuent toute leur affection affin de s'insinuer par apres plus aisément en leurs graces, de bastir leurs desseins iniustes sur la ruine des legitimes affections. Le vieillard dont ie parle commença à tendre ses filets à nostre chaste Vierge par des caiolleries & des complimens, de-là il se ietta sur le blasme de la deuotion qui la rendoit, disoit-il, farouche, inaccostable, inuisible, & puis il se mocqua de la vie qu'elle menoit auecque beaucoup de pauureté, de trauail & d'incommodité parmy ces filles deuotes où elle s'estoit retiree, luy conseillant de retourner chez son pere, où il luy promettoit vn meilleur traittement, qu'elle seroit aussi tost recherchee de plusieurs partis, que les richesses & les plaisirs l'enuironneroient aussi tost: que c'estoit dommage qu'vne telle beauté fust enfermée puisqu'elle estoit la felicité des yeux qui la regardoient, & que les amans voltigeoient autour de ses yeux comme des papillons, où des mouſcherons autour des flambeaux & mille autres pareilles imaginations communes à l'amour, à la poëſie, & à la folie. Les oyſeaux ſe cognoiſſent au ramage, & les amans à ce fatras de paroles ſupetfluës, emmiellées & confuſes qui ſortent de leurs bouches, & quand leur pretenſion eſt pernicieuſe, c'eſt alors qu'ils portent le venin d'aſpic ſous la langue. L'aſpic faict vne picqueure ſi petite qu'elle eſt preſque imperceptible: mais il lance par la vn venin ſi mortel, que ſi l'on n'y apporte promptement le remede il en faut perir. Cette douce poison que l'on appelle aymer qui se glisse dans les cœurs par l'oreille à vn effect si dangereux, que si de bonne heure on ne se destourne des entretiens qui luy peuuent donner naissance, en vain par apres y cherche t'on des antidottes, rien de si facile au poisson que d'entrer dans la nasse, rien de si mal aisé que d'en sortir, fuyez enfans (disoit ce Poëte parlant de ce mal agreable dont ceux qui en sont attaints craignent la guerison) le serpent y est caché sous les herbes & les

ſteurs. Noſtre Anne preue-
nuë de Dieu qui la gardoit
en toutes ſes voyes, ſe de-
ſtournoir modeſtement de
deuant les yeux de cet hom-
me, ſçachant que ſon viſage
eſtoit vn eſcueil pour ſa li-
berté, & ſans s'arreſter à la
vanité de ſes loüanges & de
ſes fauſſes promeſſes, elle ſe
retiroit parmy ſes ſœurs à la
façon des abeilles qui ſe ca-
chent dans les ruches pen-
dant l'orage. Quand ce vieil-
lard bruſlant d'amour &
d'impatience vid que c'e-
ſtoit en vain qu'il tendoit ſes
rets à vn oyſeau dont le vol
hautain deſcouuroit ſes fi-

nesses de loin, & que c'estoit vne rose enuironnée de beaucoup d'espines à cause des difficultez qu'il rencontroit à l'aborder, il accosta la mere dont il estoit familier de longue main, & sans luy dissimuler l'extreme passió qu'il auoit pour sa fille, il renuersa tellement son esprit l'esblouyssant auec de la poudre d'or, & luy mettant deuant les yeux l'esclat de la promesse d'vne somme notable que cette miserable femme plus poussée d'auarice que poussée de necessité, oubliant son deuoir enuers Dieu & le soin de son honneur deuant les hommes, se laissa porter à l'execrable dessein de liurer sa fille entre les mains de cet Amant, où plustost de ce bourreau de son honnesteté. C'est icy que ie ne puis me contenir sans donner vne attainte aux mœurs deprauées des Heretiques qui voilét leurs abominations du manteau specieux de reformation, Alise ayant fait banqueroute à la vraye foy, comme vn abysme en appelle vn autre, alla tous les iours de pis en pis, descendant de vice en vice, voila ce que c'est que de laisser Dieu. O Seigneur ceux qui vous quittét seront abandonnez de vous, & laissez dans la vanité de leurs sens, & dans les tenebres dont leurs entendemens sont aueuglez. Qui entendit iamais vne action si horrible, c'est le mot d'vn Prophete, qu'vne mere apres auoir attenté à la vie, vend encore honteusement l'honneur de son propre sang. C'est là le libertinage ou plustost l'impieté ou precipite cet ardant malheureux que l'on appelle erreur. Ces gens qui pensent qu'ils ne doiuent rendre conte de leurs actions qu'à Dieu ayant vne fois oublié sa presence cheminent comme des aueugles qui en conduisent d'autres en des fosses où ils tombent tous. Aussi-tost que les opinions de Luther eurent infecté l'Allemagne & leué l'vsage de la confession des pechez, cette bride ostee le peuple se porta à des licences & à des abominations si estranges que les protestans d'vn commun accord presenterent requeste à l'Empereur Charles Cinquiesme afin qu'il plust à sa Majesté ordonner la confession secrette, que le commun appelle auriculaire par Edict, comme estant vne bride necessaire pour retenir le desordre des mœurs. L'Empereur ne respondit à leur requeste, sinon que ceux qui ne pouuoient estre persuadez à la vraye foy, ny mis en la bonne voye par la douceur de l'Euangile s'y rengeroiēt beaucoup moins par la force de ses Ordonnances, c'est à peu pres ce qu'Abraham respondit au mauuais riche qui le prioit qu'il enuoyast quelqu'vn des siens dans le monde pour auertir ses parens des peines où il estoit, en luy disant qu'ils auoient Moyse &

les Prophetes, dont les escrits estoient capables de les instruire s'ils auoient la docilité necessaire aux croyans. Il est à croire qu'Alise se trouuant par l'heresie deliuree de cette saincte subiettion de la confession de ses fautes au tribunal de la Penitence, se porta en vne entreprise si detestable que de sacrifier sa fille à MOLOCH idole de chair & de sang en l'exposant aux desirs brutaux de ce vieillard infame. Elle sçauoit bien que de vouloir persuader vne action si detestable à cette creature, ce seroit semer sur le sable &

ietter des paroles en l'air, ce qui la porta à vouloir commencer cette meschanceté pour l'execution, liurant cette chetiue en la puissance de ce tison de concupiscense pour en faire à sa volonté. Pour venir à chef de ce pernicieux proiet, elle faignit d'estre malade & d'auoir besoin de l'assistance d'Anne, à qui quelques iours auparauãt elle auoit parlé auecque plus de douceur que de coustume & tesmoigné par l'air de son visage vn esprit plus tranquile. Cette bonne fille auoit vne inclination si forte à seruir cette mauuaise mere qu'aussi-tost elle obtint congé de ses compagnes pour luy aller rendre les deuoirs qui luy estoient commandez, & de Dieu & de la nature. Elle demeura donc quelques iours aupres d'elle, & le rusé vieillard couurant sa sale passion du voile de compassion, & faisant semblant de visiter Alise en sa maladie en luy offrant toute sorte de secours prenoit occasion de voir Anne, de s'en approcher, de luy parler, de l entretenir de diuerses choses, tãtost esloignees, tantost approchantes de son dessein: meslant auec que tant d'artifice les propos innocens auecque les coulpables, qu'vne plus accorte que cette ieune fille eust eu bien de la peine à découurir son mauuais courage qu'il cachoit sous le masque d'vne subtile feintise. Mais en fin voyant que le poisson ne mordoit point à l'appas dont il couuroit ses hameçons, il s'imagina que cette fille ressembleroit à celles qui ne se rendent iamais que sous vne image de force, & qui sont en leur ame aussi satisfaictes d'auoir esté violentees en leur ruine quelles font paroistre de mescontentement sur le front. Ayant donc eu la permission de la mauuaise & perfide Mere, qui comme vn autre Iudas auoit pris vne somme assez notable pour la vente de son sang, l'ayant vn iour surprise seule & à l'escart, apres l'auoir priée, caressee, caiollee, & employé tous les artifices des souspirs, des desespoirs, & des promesses pour arracher d'elle quelque sorte de consentement, bruslé d'vne flamme enragée il tascha de conquerir par la force, ce qu'il perdoit l'esperance d'acquerir de bon gré. Les

cris

cris furent inutiles à cette pauurette: car outre que son pere estoit absent, dormant peut-estre pour Mecenas, la mere qui estoit assez proche estoit du nombre de ces mauuais sourds qui ne veulent pas entendre. A cela se cognoissant trahie elle prit vne force extraordinaire que l'esprit de Dieu suscita peut-estre en elle par miracle en vne si pressante necessité, & se deffendant courageusement contre ce bouc infame, il ne remporta d'elle que de la honte & des esgratigneures. Qui a iamais veu vne petite Belette entrer en bataille contre vn ſerpent, on dit qu'auparauant elle mange de la ruë, herbe forte & ſouueraine contre le venim, & par apres remplie d'vn courage de beaucoup plus grand que ſes forces, elle attaque ce maudit animal à qui elle donne, ou la fuitte, ou la mort. Qu'il ſe repreſente quelque image de la reſiſtance que fit à cet homme vray fils de ce ſerpent malheureux qui fut homicide des le commencement, noſtre belle petite, ou noſtre foible bellette, & qu'il loüe ſa victoire comme celle que Dauid encore petit Berger remporta sur le Geant Philistin, où comme celle que Iudith emporta sur le General des Assiriens, ou celle de Ioël sur le Capitaine Sisara. Certes ceux qui Dieu ayde & met à labry de sa protection ont leur refuge, & dans vn fort imprenable il les deliure des pieges des chasseurs, & des lacqs cachez & imperceptibles. A dire la verité Anne fit en ceste occasion où elle deffendoit son honneur qui luy estoit plus cher que la vie des efforts plus qu'inhumains, en quoy ie ne craindray point de dire quelle fut assistée d'vne vertu d'en-haut, & de celuy qui donna autresfois à Sainte Lucie la force de l'immobilité contre la violence de ceux qui la vouloient trainer à vn lieu infame où sa chasteté deuoit estre mise en proye aux appetits des desbauchez. Soit donc que le ciel luy augmentast ses forces, soit qu'il affoiblist celles de ce vieillard; il se trouua le plus debile ne pouuant ranger à sa volonté cette vertueuse Amazone. Ioint que considerant qu'il poursuiuoit de posseder vn corps dont l'ame & l'affection seroit esloignee de luy, il crût que ce seroit embrasser vn image & vn phantosme, & pour vn faux plaisir se plonger en vn regret & en vne douleur veritable. Anne s'eschappe de ses mains comme vne timide colombe des griffes d'vn herfaut, & courant à sa mere pour luy faire ses plaintes d'vn si grand outrage qui appeloit sur la teste de ce temeraire, toutes les vengeances de la terre & du ciel, Dieu ! que deuint elle quand elle reconnut que sa protectrice estoit complice de la trahison, Sa mere au lieu de la secourir luy dit des iniures, luy reprochant qu'elle ne meritoit pas d'estre aymee d'vn si galand homme, & qui auoit tant de moyen de luy faire du bien, de la tirer de necessité, & mesme de la marier. Vne froideur se glissa dans les veines d'Anne, vne telle horreur s'empara de son esprit à ce propos qu'il tint à peu qu'elle ne tombast en syncope, & ne demeurast immobile comme cette femme que l'effroy de voir l'embrassement d'vne ville execrable, changea en statue de sel : mais comme vne nauire battuë en mesme temps de deux contraires bouffees, se voit reietter en haute mer au mesme instant qu'elle pensoit donner contre la terre, aussi Anne saisie d'vn costé d'vn estonnement qui luy lie les pieds, se les sent deslier de l'autre par la crainte de perdre vn thresor qui ne se peut racheter, si bien qu'emportee par ce dernier vent elle prit des aisles de colombe pour s'enfuïr d'vn lieu si perilleux, & s'aller cacher dans la retraitte asseurée de la compagnie deuotieuse où elle s'estoit rangee. Elle y parut ſi paſle & ſi changee qu'il ſembloit quelle ſortiſt d'vn tombeau, où quelle ſe fuſt ſauuee de quelque naufrage. Auſſi-toſt ſes compagnes coniecturerent que ſa mere l'auoit outragee, ce qu'elles ne trouuerent point eſtrange ayans ſçeu les cruels traittemens qu'elle auoit ſouffert de celle qui ſembloit auoir auecque ſa Religion renoncé à toutes les loix de la nature. L'horreur ayant ſaiſi la langue & les fonctions de l'ame d'Anne luy rendit au moins ce bon office qu'elle luy fit cacher ſous le voile du ſilence la honte des siens, en quoy elle eust pû mesme en disant la verité se rendre en quelque façon semblable à ce fils de Noé qui manifesta la vergongne de son pere. Mais comme il n'y a rien de si caché qui ne se descouure, rien de si secret qui ne se reuele, la Iustice du ciel permettant que les œuures de tenebres qui se sont pratiquées dans les lieux plus cachez se preschent sur les toits, l'on a publié depuis tant de choses effroyables de cette action d'Alise que par la puanteur & noirceur de la fumée, on peut iuger des mauuaises qualitez du feu. Les vns di-ſoient que ne voulant pas rendre au vieillard la groſſe ſomme qu'elle auoit receuë de luy, & peut-eſtre deſ-ja employee elle ſe rangea elle meſme à ſatisfaire à ſes deſ-honneſtes deſirs, & d'effect la trop priuee & ordinaire frequentation qu'il eut depuis auec elle fit paſſer pour verité cette coniecture, verité confirmée par les plaintes ordinaires & publiques de la femme du vieillard qui picquee d'vne iuſte ialouſie contre celle qui luy deſroboit les iuſtes deuoirs de ſon mary, & qui diſſipoit ſes biens & sa santé, disoit d'Alise, tout ce que fait dire cette violente passion quand elle maitrise le sens d'vne femme. La verité de Dieu demeure eternellemét quoy que le ciel & la terre ne facent que passer. Or cette verité nous enseigne que la maison ou regne l'adultere ne sçauroit prosperer, au contraire qu'elle sera dissipée en la mesme façon que la poussiere deuant la face des tourbillons. Ce mauuais commerce du vieillard & d'Alise la Pretenduë Reformée dura quelque temps sur les yeux mesme de Simon, dont la complaisance estoit baffouée d'vn chacun. O Dieu que vous estes iuste, certes vos yeux sont sur les iustes pour veiller à leur conseruation, mais vostre visage se tourne aussi sur ceux qui font mal, mais c'est pour effacer leur memoire de la terre. Par ou ces miserables personnes Simon & Alise pensoient rechasser la pauureté qui les accueilloit: par la mesme, la necessité se glissa chez eux & les rangea à des extremitez deplorables. Le vieillard se lassa d'Alise le coust luy ostát le goust d'vne si mauuaise & pernicieuſe viande. Abandonnez de cet homme qui les aſſiſtoit de ſes commoditez qui n'eſtoient pas ſi grandes qu'il en pûſt ſans ſe trouuer court faire de trop grandes largeſſes, & Dieu ne beniſſant pas leur trauail ils ſe trouuerent reduites à des miſeres incroyables. Ce ne fut pas neantmoins tout à coup qu'ils deſcendirent en cette déplorable condition Dieu ayant beaucoup de longanimité & de patience ſur la malice des pecheurs, & ne leur enuoyant les maux de peine qu'apres que leurs coulpes ſont arriuees à leur comble. Depuis ce violent attentat Anne se tint plus retirée qu'elle n'auoit fait auparauant, pareille à la tourterelle qui fort rarement de son nid quand elle a vne fois euité les prises de l'oyseau de proye, elle fuyoit la maison de ses parens, comme vn escueil & triple escueil, tant de son corps que de son honneur & de son ame. Elle acquiesça durant quelque temps au conseil d'vn de ses directeurs qui luy deffendoit de frequenter Simon & Alise, & de se souuenir que si les Religieuses en quittant le mode pour s'enrooller sous l'estandard de la Croix Reguliere se separent pour toute leur vie de leurs parens, quoy que vertueux & bons Catholiques, combien elle estoit plus obligée d'éuiter les siens & de les quitter, puis qu'ils auoient quitté Dieu & s'estoient destournez de la voye de salut. Veu mesme que l'Autheur de nostre salut declare en termes expres que celuy qui se resout de le suiure doit quitter pere & mere, freres & sœurs, parens, païs, biens, & toutes choses. Outre la conduitte du bon Messire

Yues qui de Prestre habitué à S. Iacques du hault-Pas, à cause de sa verité, douceur, & iustice, où pour parler plus clairement à cause de sa doctrine, zele, & probité deuint Pasteur d'vne Eglise notable, au voisinage & dans le Diocese de Paris, elle se rangea encore sous la direction d'vn Prestre de l'Oratoire grand seruiteur de Dieu qui estoit lors à sainct Magloire, ou depuis quelques annees les Peres de cette saincte Congregation ont fait vne demeure. Ce pieux personnage que nous appelerons de son nom le

Pere François, ayant reconnu la bonté de cette petite Anne, & s'estant informé de ses besoins en prit vn soin vrayment paternel, contribuant tout ce qui estoit de sa science pour la conduire dans les voyes de Dieu & la consoler en ses afflictions, & employant tout son credit pour luy procurer quelque place en l'vn de ces Monasteres de filles qui sont en si grand nombre au Faux-bourg de S. Iacques. Mais nous auons dit au commencement de ce Narré l'obstacle de son entrée qui n'estoit autre que le manquement des commoditez temporelles : car quand aux qualitez spirituelles & aux dons de nature & de grace, elle en auoit si abondamment qu'elle en communiquoit à celles qui auoient le bonheur de viure en sa compagnie. Vn iour il arriua qu'vn Euesque ayant esté prié de donner la confirmation à quelques Religieuses d'vn des Monasteres de ce Fauxbourg, la nouuelle en vint à la connoissance du Pere François qui jugeant que ce Sacrement seroit vtile à sa fille spirituelle nostre petite Anne, luy conseilla de mesnager cette occasion & de le receuoir des mains de ce bon Prelat, elle s'y disposa par les Sacremens de la Penitence & de l'Eucharistie auec vne preparation extraordinaire, affin de se rendre propre à receuoir les effects de ce Sacrement. Dont le principal est celuy de nous confirmer en la foy dont nous auons fait profession en nostre Baptesme, & nous donner la force d'y perseuerer iusques à la fin de nostre vie, & de mourir en la creance & en l'vnion de l'Eglise Catholique. Et certes en vn ſiecle infecté d'hereſie cõme le noſtre, & en cette liberté de conſcience que permettent les loix de cet Eſtat, il ſemble eſtre merueilleuſement neceſſaire pour affermir les fidelles en la vraye creance, & empeſcher qu'ils ne ſoient comme des nuées ſans eau emportez par les vents des nouuelles doctrines. A raiſon dequoy vn Ancien Pere de l'Egliſe voyant de ſon temps les erreurs qui s'eſtendoient ſe plaignoit de la negligence des Eueſques à adminiſtrer ce Sacrement, & attribuoit la cheute & la reuolte de plusieurs au manquement de ce caractere. Ce fut en ce Sacrement qu'elle reçeut auecque beaucoup d'humilité & de deuotion, qu'elle fit adiouster en son nom celuy de la tres-saincte Vierge Mere de nostre Sauueur, à qui elle s'estoit de longue main voüee pour esclaue, s'estant à ce dessein enrollee dans la saincte Confrairie du Rosaire qui florit sous la direction des Peres Predicateurs. Depuis ce temps là elle prenoit plaisir à se faire nommer Marianne encore que l'vsage l'emportast &

qu'on ne l'appelaſt que du nom d'Anne. Dans le dernier an de ſa vie qui fut le dixſeptieſme, Dieu la preparant comme vn vaſe d'elite à ſouffrir pour ſon nom, il ne ſe peut dire auec quelle vigueur elle s'auançoit au chemin de la vertu. Quand les fleuues ſont voiſins de leur emboucheure en la mer ils coulent auecque plus de rapidité, & quand les ames eſleuées ſont proches de leur terme & de ſe ioindre à leur centre qui eſt Dieu, elles ſont comme ces flambeaux qui iettent de grands éclats eſtant ſur le point de s'eſteindre. Le Pere François à la gloire de ce Dieu qui veut eſtre magnifié en ſes Saincts, en a depuis ſa mort dit des choſes grandes, que ie comprendray par ce mot que l'Ancien Zenon diſoit de ſes meilleurs diſciples qu'ils auoient plus de beſoin de bride que d'eſperon. Il auoit de la peine à moderer ſes ieuſnes & ſes autres auſteritez, & à la retenir qu'elle ne cheminaſt en vne exceſſiue ferueur, pierre ou beaucoup de grand Saincts ont chopé, car Dieu ne veut nos cœurs, & nos corps que comme des

Hosties viues, agreables, pures, & soumises à luy par vn seruice raisonnable, ainsi que l'escriture nous l'enseigne. Mais tout ainsi que les victimes que l'on offroit au Seigneur en l'ancienne loy estoient examinées auparauant, affin qu'elles fussent sans deffault, & les filles qui deuoient seruir Assuere estoient de longue main preparees & polies. Il semble que Dieu par ces mortifications volontaires disposast nostre Anne à la glorieuse couronne qu'il luy preparoit; l'esleuant par ses moindres souffrances à celuy

luy qui les deuoit toutes mettre en leur perfection. Vn frere de l'Oratoire qui seruoit lors de Sacristain à la maison de S. Magloire, ame que Dieu a preuenuë de plusieurs benedictions, de douceur & de candeur, m'a quelquefois raconté auecque tant de naïueté & de pieux ressentimens, les particulieres deuotions qu'il a veu pratiquer dans l'Eglise à cette bonne ame, qu'il m'en rendoit par son recit la memoire aussi douce qu'vn parfum respandu. Sa façon me disoit-il, estoit si deuote qu'elle inspiroit de la pieté à ceux qui la consideroient: En l'Oraison elle estoit immobile comme vne statuë, ses yeux estans arrestez sur le Tabernacle & sur le Crucifix; toutes ses actions n'estoient que modestie, ses paroles que douceur & humilité, quand elle approchoit de la Table de la Communion sacree, c'estoit auecque tant de ioye & de dilection qu'il sembloit que ce fust vn Ange sous vn corps de fille qui se vint repaistre de ce pain vif descendu du Ciel pour la vie du monde. Sa seule demarche quand elle y arriuoit, ou quand elle s'en retiroit donnoit de l'edification, les larmes qui couloient de ses yeux en cette action estoient comme des perles de roses parmi des fleurs, bref elle ressembloit à cette petite verge de fumee dont il est parlé au Cantique, composees de toutes les odeurs du parfumeur. Mais tout cela n'est qu'en l'escorce & en l'exterieur, c'est la pomme de grenade qui fait par vne couuerture quelque monstre de ses rubis, mais qui en cache beaucoup plus qu'elle n'en fait paroistre, la gloire de la fille du Roy, de l'ame qui est en grace est toute dans l'interieur, là est cet ornement diuersifié de la broderie des vertus, attaché auecque les agrafes d'or de la Reine de toutes qui est la charité. Et c'est de cet interieur excellant & tout rempli de perfections & de lumieres que les Peres François & Charles Prestres de la Congregation de l'Oratoire ont rendu des tesmoignages qui ont beaucoup edifié ceux qui les ont entendus. Comme elle estoit en ces dispositions & en toutes les pratiques de pieté qui se peuuent desirer en vne ame vrayement deuote & entierement consacree au seruice de Dieu; Ce fruict estant en sa maturité, celuy qui auoit planté ce bel arbre le voulut cueillir en la façon que vous allez voir. A mesure que cette fille auançoit en vertu & en perfection deuant Dieu & deuant les hommes, ses mauuais parens estoient par leurs pechez descendus en l'abysme de la misere. Or c'est le propre du peché & principalement de celuy de l'heresie qui est comme la punition des autres, de mettre tellement les esprits en sens reprouué, (vraye image de l'Enfer) que les calamitez augmentent la malice, au lieu de donner de l'entendement pour cognoistre le bien. Tant s'en faut que ces miserables reconneussent que la main de Dieu estoit sur eux à cause qu'ils l'auoient laschement abandonné, qu'au contraire ils en deuenoient de iour en iour plus opiniastres en leur erreur & plus desireux d'y porter leur fille. Ayant reconnu par beaucoup d'experiences que la force ne fait rien à la persuasion, ils se mirent dans les artifices, n'ignorans pas combien le naturel d'Anne estoit tendre à la compassion & à la pieté. La fausse Alise pressee de la necessité va souuent trouuer sa fille & luy en fait ses plaintes, Anne attendrie sur cela luy promet toute sorte d'assistance & d'effect, elle fait tant enuers ses compagnes que toutes les semaines elles luy donnent demy escu de leur commun trauail pour en soulager ses parens. Ne vous souuient-il point icy de cette fille Romaine qui nourrit son pere en prison auecque son propre laict, nostre Anne soulage ses parens du labeur de ses mains auec vne charité toute filiale. La mere insatiable ne se contente pas de cela, mais la prie de les venir soulager elle mesme en leur maison, luy faisant malicieusement entendre qu'elle auoit dessein de renoncer à l'heresie & de r'entrer dans la Religion Catholique, apres auoir reconnu que Dieu la chastioit pour l'auoir quittee. Tant il est aisé de persuader vn esprit que la dilection dispose à la creance, Anne crût aussitost ce faux discours, comme si ç'eust esté vne verité Euangelique. On dit que l'Hyene animal farouche & cruel, contrefait en sa cauerne la voix plaintiue d'vn homme malade, ou blessé, affin d'y attirer le passant par le mouuement de la pieté & attiré en faire sa curee. Telle fut l'industrie d'Alise desireuse de perdre sa fille ou d'ame, en luy faisant changer de creance, ou de corps, en l'affligeant si elle ne luy complaisoit en cette reuolte de la foy. Certes si les auis de ses directeurs spirituels eussent esté vniformes, peut estre ne se fusse elle pas laissee endormir au chant de cette troinpeuse

Syrene, mais les vns luy conseillant d'assister ses parens, & de tascher de r'appeler sa mere au sein de l'Eglise Catholique, ainsi qu'elle tesmoignoit y auoir de l'inclination, les autres luy disans auecque l'Euangile qu'elle laissast les morts enseuelir les morts, elle se porta au conseil qui reuint le plus à son humeur, estimant qu'il venoit de Dieu aussi bien que l'autre, puisque la saincte parole nous enseigne que les leures du Prestre, Ange du Seigneur, ont la science des voyes de Dieu en depost, & qu'il faut prendre la loy de sa bouche. Ainsi nostre Anne s'estant aueeque beaucoup de peine arrachee pour quelque temps d'entre les bras de ses cheres sœurs selon l'esprit, ie veux dire de la Compagnie de ces filles deuotes où elle s'estoit rangee, pour aller seruir ses parens y croyant estre obligee par la loy de nature & celle de Iesus-Christ, on ne sçauroit dire auec combien de ioye elle fut accueillie de sa mere qui cachoit sous cette bonace apparente vne furieuse tempeste. O Anne! pardonnez-moy si ie vous di que ce ce n'est pas le traict d'vn sage Pilote de faire deux fois naufrage contre vn mesme escueil, mesme les animaux sauuages tous brutaux qu'ils sont & sans raison guidez seulement de leur sens ne donnent iamais pour la seconde fois dans le piege qu'ils ont euité la premiere, ne redoutez vous point ces riuages funestes ou vous auez couru vne si grande risque de vostre honneur, mais las tout de mesme que l'on bande les yeux criminels à qui on veut faire endurer le supplice, il semble que la prudence humaine perde la veuë quand il est question d'euiter le pas de la mort, parce qu'il arriue assez souuent que plusieurs en la voulant fuïr s'y precipitent. Le poisson ayant aualé l'appas ou l'hameçon est caché, sent incontinent deschirer ses entrailles & en se debattant il auance sa mort, dont il pense s'eschaper, en fin attiré au bord par le pescheur il pert son element & sa vie. Nostre Anne fut surprise de la mesme sorte, car apres quelques iours de paix & de bon temps le tyrannique visage de cette mere impitoyable commence à se descouurir, & peu à peu oubliant les promesses qu'elle auoit faites de retourner à l'Eglise Catholique, elle change de note & commence à solliciter Anne de prendre la route de Charenton. De la cueillette qui se fait là pour les pauures, mais pauures de leur secte (car ils se gardent bien d'en distribuer rien à des pauures Catholiques) Simon & Alise tiroient tous les mois quelque miserable secours. Mais les Anciens & Surueillans leur auoient promis s'ils pouuoient attirer leur fille Anne à leur cordelle de leur donner quelque ſomme conſiderable pour ayder à la marier à quelque ieune homme qui fuſt Huguenot, car la charité de ces gens-là s'ils en ont quelque rayon, eſt toute pour eux-meſmes, & apres auoir en leur opinion reduit à neant le merite des bonnes œuures, ie ne ſçay s'ils n'eſtimeroient point en faire vne mauuaiſe s'ils ſoulageoient vn pauure Catholique: tant leur haine contre nous à cauſe de la Religion eſt furieuſe & enragee, qu'elle leur oſte tous les ſentimens non ſeulement de la pieté, mais encore de la pitié. Anne sentant approcher la tempeste se repentit, mais trop tard d'auoir pour la seconde & troisiesme fois tanté le hazard de cette perfide mer, mais elle fit ce que les bons Pilotes qui voyans venir l'orage dressent leur carte à leur boussole & regardent le Ciel ayans perdu la terre de veuë. Tant s'en faut qu'elle prestast l'oreille aux persuasions d'Alise & de Simon, qu'au contraire elle redoubla ses exercices de pieté & se rendit plus assiduë à l'Eglise. Iusques à ce que ces parens denaturez voyans qu'ils ne pouuoient rien gaigner sur son esprit s'auiserent de l'enfermer pour exercer sa patience par cette prison où ils recommencerent sur elle, ou plustost ils redoublerent tous les mauuais traittemens qu'ils auoient auparauant exercez: Apres l'auoir outragee de la langue, & employé en vain autour de ses oreilles les persuasions de leurs Ministres & Surueillans, qu'elle confondit tous comme vne autre saincte Catherine d'Alexandrie, ils la battirent de poings & de pieds si cruellement qu'elle en demeura toute noire de meurtrissêures, de ce tourment ils vindrent aux bastons, & pour dernier supplice ils l'attacherent toute nuë à la colomne d'vn lict & la fouetterent si demesurement que tout son corps estoit en sang, & de peur que ses cris ne se portassent iusques au voisinage & ne conuiassent au secours, on croit qu'ils luy serrerent la gorge d'vne seruiette ou d'vne corde, & de cette façon ils la suffocquerent. Ainsi mourut entre les mains & sous les coups de ces barbares parens, cette

Innocente Victime ioignant au lys de la virginité la rose du Martyre & couronnee d'vne double branche de palme. Peut-estre que ce n'estoit pas tout a fait l'intention de ces miserables furies de la faire mourir, peut-estre aussi que c'estoit leur dessein : car qui peut sonder les secrets des cœurs humains sinon Dieu qui les a faicts, & qui seul peut penetrer au fond des abysmes. Certes les flambeaux des guerres ciuiles que l'heresie a allumez en la France depuis quelle y a mis le pied, nous ait faict voir tant de crimes enormes que le faux zele de la Religion a fait commettre à ces reuoltez, qu'il n'y a rien que nous ne puissions, & mesme que nous ne deuions croire de l'extremité de leur malice. Ce meurtre execrable pour eux, mais martyre glorieux pour nostre Anne ne fut pas plustost executé que pour couurir vne si horrible action ils firent courir le bruit que la peste qui estoit lors en diuers lieux de Paris auoit saisi leur fille, & qu'elle estoit morte soudainement. C'estoit le vray moyen d'empescher que la verité ne fust descouuerte, car cette effroyable maladie faisant abandonner ceux qui sont les plus chers oste bien la curiosité d'aller visiter ceux qui nous sont indifferens, veu que le seul soupçon fait que l'on s'escarte de ses plus proches. Ils enseuelirent donc cette pauurette dans vn meschant linceul, & selon les loix de la Police de Paris, & mesme de la plus grand part des Villes de la France, les Huguenots vrays enfans de tenebres, & destinez aux tenebres exterieures ne pouuans enterrer leurs morts que durant l'obſcurité de la nuict pour ne donner aucun ſuiet de murmure & deuotion au peuple Catholique, ces meſmes parens meurtriers porterent ce pauure corps, chaſte, ſacré d'vne ſi belle ame au cimetiere des Huguenots aupres du pré aux Clercs où eſt l'ordinaire ſepulture des aſnes. Il y auoit deux iours ou trois iours que la terre couuoit ce threſor qu'à peine ſçauoit-on qu'elle fuſt morte, quand tout à coup par permiſſion de Dieu qui ne permet pas que des actions ſi abominables ſoient enſeuelies dans le ſilence, vn murmure s'eſleua au voyſinage de la maiſon de Simon & d'Aliſe, chacun leur demandant raiſon de la mort de leur fille. On connuſt auſſi-toſt à leur diſcours & plus encor à leurs deportemens & à leurs contenances que le bruit qu'ils auoient fait courir qu'elle fuſt morte de la contagion eſtoit faux, & qu'ils auoient quelque remords en leurs ames qui les bourreloit. Les petites ſœurs d'Anne qui eſtoient en vn aage capable de remarquer ce qu'elles voyoient, mais non pas de feindre ny de deſguiſer la verité rapporterent que leur sœur estoit morte sous les coups de ces cruels parens, ce qui fit vne telle esmeute en tout le quartier qu'il y pensa naistre vne sedition, chacun voulant se ietter sur ces bourreaux & vanger sur eux l'innocence de cette martyre. Les filles deuotes de qui elle auoit esté compagne, affligees outre mesure de sa perte firent des enquestes par tout & rencontrerent plusieurs depositions qui rendoient de plus en plus criminels Simon & Alise. Mais voicy ce qui descouurit presque en-

tierement

tierement le pot aux roſes, les filles pieuſes & les autres Catholiques, & meſme les Confeſſeurs & directeurs de noſtre petite Anne ne pouuoient ſupporter que ce corps Catholique fuſt enterré parmy ceux des Heretiques, & dans vn lieu qui n'eſt deſtiné que pour ceux qui meurent dans les erreurs de Caluin. Voici encor vn euenement bien notable. Le Pere François Preſtre de la Congregation de l'Oratoire qui auoit eſté quelque temps Confeſſeur & directeur de cette bonne fille, ayant eu le iour de S. Martin (qui eſt vne grande Feſte à l'Oratoire à cauſe que la Congregation commença en ſemblable iour) nouuelle de la mort d'Anne qui auint la veille de cette Feſte en l'annee 1626. voulant prier Dieu pour le repos de cette ame qui luy auoit eſté chere, & la recommander aux entrailles de la miſericorde du grand Sauueur, eut de la repugnance à cela, ces parolles de S. Auguſtin occupans entierement ſon eſprit, Celuy-là fait iniure au Martyr qui prie pour luy & qui doute de ſon ſalut & de ſa gloire. Comme il vouluy aller prendre son repos de toute la nuict il ne pust fermer l'œil, & moins arracher de sa pensee cette parole de l'Escriture que l'Eglise a mise en l'Office des saincts Innocens. Tous les Saincts crient sous le throsne de Dieu, Seigneur vangez nostre sang iniustement respandu. Et voulant reietter ceste pensee comme contraire à la charité & à la debonnaireté, cet autre mot du Psalmiste vint emplir sa memoire, le iuste se resiouira en voyant la vengeance, & il lauera ses mains dans le sang du pecheur. Le lendemain quelques personnes pleines de zele & de pieté, & qui desiroient s'esclaircir de tant de doutes & de bruits qui couroient touchant cette mort, allerent auertir Messire de Monstreuil Pasteur de S. Sulpice, vnique Parroisse de ce grand Fauxbourg de S. Germain des Prez, que l'on auoit mis le corps d'vne fille tres-Catholique dans ce lieu prophané, destiné à la sepulture des Huguenots dans l'enceinte de sa Parroisse. On luy raconte la vie & la mort de cette saincte fille, & il receut le tesmoignage de ses vertus par tant de bouches veritables que son zele qui est tres grand en fut aussi-tost embrasé, & ne pouuant souffrir que ce tresor que le Ciel auoit laissé à la terre demeurast dans vn fumier & cette dragme sacree fust cachee parmy des ordures, il resolut de l'en tirer & de rendre cet arbre au territoire où il auoit pris racine, & poussé tant de belles fleurs qui estoient autant de fruits d'honneur & d'honnesteté. Pour marcher par ordre en cette affaire & soustenir sans bruict & sans tumulte la cause de la Religion Catholique violee par cet attentat, il eut recours aux loix Politiques, & au Magiſtrat qui en eſt le truchement & l'interprete. Le Iuge ſuffiſamment informé de la verité de ſa requeſte, & ayant appris par les teſmoignages de pluſieurs perſonnes ſans reproche, la vie, les mœurs & la Religion Catholique d'Anne, ordonna qu'elle ſeroit deterree en la preſence de ſes parens affin qu'ils recognuſſent ſon corps & que la ſepulture luy ſeroit donnee en la terre ſaincte du cimetiere de S. Sulpice. Il y en eut meſme qui depoſerent que deux iours deuant quelle fust si cruellement meurtrie, elle auoit receu les Sacremens de Penitence & d'Eucharistie à S. Magloire auec vne ferueur extraordinaire & vne singuliere deuotion, comme si Dieu luy eust donné des sentimens qu'il la vouloit bien-tost appeler en la part des Saincts, en la lumiere de la gloire. Comme il auoit esté ordonné il fut executé, & vn concours merueilleux de peuple se trouua à vne action si nouuelle. Les filles deuotes qui auoient esté ses compagnes durant sa vie voulurent l'assister en ce dernier deuoir, & Messire le Reuerend Curé de S. Sulpice animé du zele qui l'accompagne en toutes les fonctions de sa charge, voulut rendre ce conuoy celebre, venant luy-mesme auecque tous ses Prestres accompagner ce corps qui auoit esté l'hoste d'vne si belle ame & luy rendre les honneurs de la sepulture. Les Huguenots voulurent faire de la rumeur selon leur naturel mutin, seditieux & suiet aux factions, tumultes, & reuoltes: mais la Iustice accompagnee de la force les tint en quelque apparence de deuoir & changea leurs plaintes en vn ſimple murmure. Aucun Miniſtre ny Surueillant ne fut ſi oſé de ſouſtenir que cette fille euſt eſté de leur ſecte, ſi bien qu'il n'eſtoit pas raiſonnable que ce corps repoſaſt parmy ceux de leur party, puiſque ſon eſprit auoit touſiours eſté ſi eſcarté de leurs opinions. Les parens furent appelez pour eſtre preſens à ce deterrement ; Mais ſoit que la conſcience bourelaſt Simon, ſoit que la crainte, fleau inſeparable du cœur des coupables le tourmentaſt, il feignit d'eſtre malade

& mesmes de ressentir quelques accidens que l'on tient pour des signes de contagion, affin que la peur de l'aborder empeschast qu'on ne le contraignist de se trouuer à ce spectacle. Alise plus temeraire & moins subtile à trouuer des excuses, se vit obligee d'y aller se promettant que sa hardiesse feroit taire les langues qui l'accusoient tout haut de la mort de sa fille, & que sa presence aidée de quelques larmes feintes effaceroit tous ces soupçons. Mais ô Dieu que vos voyes sont iudicieuses, que vostre Prouidence est admirable, le remede qu'elle pensoit mettre à sa playe y fit vne telle inflammation que sans la douceur & la moderation de Monsieur le Pasteur de S. Sulpice, elle eust esté mise en plus de pieces que les Menades n'en firent du corps d'Orphée. Ce fust en l'occurence merueilleuse que vous allez entendre. Il y auoit treize iours entiers que ce pauure corps enuelopé d'vn meschant linceul & sans aucune biere estoit dans la terre en la saison de l'hyuer toute regorgeante de pluyes, on trouua ce linge presque tout pourri, &

cependant le corps aussi frais & aussi vermeil que s'il fust venu d'expirer, c'est ainsi que Dieu preserue ses Saincts de la corruption. Que de torrens de larmes se desborderent à ce spectacle. On le vid tout deschiré de coups de foüets, meurtri en diuers lieux, la nucque du col rompuë par vne manifeste contusion, & le col auecque des marques notables, comme d'vne personne qui auroit esté suffocquee. Ce fut l'opinion non du vulgaire seulement : mais encore des Chirurgiens qui y assisterent & qui en signerent le rapport. Par tous les endroits ou les verges & les bastons n'auoient point porté, il n'y auoit rien de si net. Les bonnes filles ses sœurs spirituelles se ietterent sur son visage qui paroissoit beau & vermeil comme d'vne personne viue & dormante, & luy donnerent mille baisers, plusieurs autres bonnes gens les imiterent, & quelques autres luy baisoient les pieds & les mains, il n'y auoit celuy à qui ce spectacle ne tirast les larmes des yeux. Quand voici paroistre la main de la Iustice diuine, plus visible que celle qui ſe monſtra à Baltazar au milieu de ſon feſtin. Certes il n'y auoit que les aueugles qui ne la puſſent aperceuoir. On fait auancer Aliſe pour recognoiſtre ſi ce n'étoit pas le corps de ſa fille, & le lieu où il auoit eſté mis. Auparauãt qu'elle l'auoüaſt, la morte parla, mais des paroles de ſang, mais vne voix qui ſe receut par les yeux, non par les oreilles : car le ſang tout frais commença à ſortir à gros bouillons, de la bouche, du nez, & meſme des yeux de ce pauure corps, cõme demandant vengeance de ſa mere meurtriere. Ce secret de la nature en de pareilles rencontres, a esté remarqué si souuent dans les histoires que la quantité des exemples m'en oste le choix. En l'enqueste qui se fait cótre les assassins, cecy fait en la Iustice vne vehemente preuue, parce que selon le prouerbe, le sang ne peut mentir, & au premier homicide fait dans le monde qui fut celuy d'Abel, ne lisons nous pas que son sang respandu par Cain son frere cria vengeance à Dieu vers le ciel. Ce tesmoignage si euident de la coulpe d'Alise pensa exciter vne esmeute, si la presence du Iuge & de M. de S. Sulpice n'eussent calmé les esprits. Et quoy que celuy-cy pust remonstrer, si est-ce que les plus ardans eussent ietté leur feu dont le coup eust éclaté sur la teste d'Alise, si le Iuge prenant occasion de luy reprocher son crime dont la preuve estoit si euidente ne l'eust fait saisir sur le champ, & enuoyer en prison, promettant d'en faire vne iustice si seuere & si exemplaire que les plus esmeus eurent occasion de s'en contenter. Cependant on rendit des hōneurs vraiment Catholiques & pieux à ce corps que ie doibs ce me semble sans faire le Pape appeler Sainct, puisque pour la foy il auoit esté priué de son ame, il fust arrosé de larmes plus precieuses que toutes les eaux de senteur, & tous les parfums que l'on eust pû employer à vn sainct office, il fut enuelopé dans vn beau linge, mis dedans vn honneste cercueil, & accompagné à la sepulture auec tant de lumieres & de magnificence exterieure que Monsieur de S. Sulpice qui en fit la despence, ne tesmoigna pas moins en cette action sa liberalité que son zele. Il voulut mesme apres l'Office solemnellement chanté que ce gage honnorable fust deposé en vn sepulchre mediocrement esleué, qui paroist encore dedans le Cimetiere de sa Paroisse, affin que celle qui auoit esté cachee durant sa vie comme vne lampe soubs vn boisseau, esclairast comme les lampes de Gedeon apres que le vase de son corps fut brisé. C'est ainsi que Dieu tire la lumiere du milieu des tenebres, la vie du milieu de l'ombre de la mort, & qu'il fait éclater ses fauoris dans les plus sombres obscuritez, à la façon des Israelites qui voyoient clair dans les tenebres palpables qui enuelopoient les Aegyptiens. Les filles deuotes sœurs spirituelles de nostre Anne ayans arrosé ce tombeau de leurs pleurs, le parsemerent de fleurs qui aidees des Zephirs de leurs souspirs firent naistre vne espece de prin - temps parmy les glaces de l'hyuer & les froideurs de la mort. Ainsi la memoire du iuste sera en vne eternelle benediction & ne sera point suiette aux mauuais bruict. Mais il n'en sera pas ainsi de celle des Impies : car qui ne deteste encor auiourd'huy celle du cruel pere de saincte Barbe Vierge & Martyre, qui trempa ses mains abominables dans le sang de sa fille, emporté du mauuais zele de sa fausse Religion. Alise ne fut pas plustost saisie que l'on enuoya prendre Simon de peur qu'il ne s'euadast, ayant appris la nouuelle de l'emprisonnement de sa femme. Il sentist plustost le coup de cette foudre qu'il n'apperceut l'éclair. Les voila donc en lieu où ils ne peuuent attendre que le iuste chastiment de leur barbarie desnaturee. Les Huguenots prudens en leur generation comme les enfans de tenebres remuerent toutes sortes de pierres pour moyenner leur deliurance, & comme c'est leur coustume de faire leur interest general des causes des particuliers, il sembloit qu'ils voulussent employer leurs plus fortes machines pour empescher que par la punition de ces coulpables ce crime qui les rendoit noirs comme le charbon, & digne de la haine publique ne vint en euidence. Le premier Iuge neantmoins remply d'integrité & de zele pour la Religion Catholique, & de plus souſtenu par vn Prince Seigneur du Faux-bourg, en qualité d'Abbé de S. Germain & Prince, qui au ſang du grand Henry qui bout dans ſes veines, à ioinct tant d'inſignes vertus qu'elles apportent vn nouueau luſtre à la ſplendeur de ſa naiſſance, ce Iuge, dis je, fut ſi ferme qu'il euſt les qualitez que l'eſcriture deſire en vn homme de ſa profeſſion, exempt de crainte & d'intereſt, & marchant ſi hardiment en ſa charge que rien ne fut capable de l'eſmouuoir, ny de l'empescher de faire le procés à ces coupables. Il eust contr'eux des preuues si claires & conuainquantes du crime que nous auons anoncé qu'il les condamna à la mort de gibet, mais l'appel suspendit cette execution. Au changement d'vne prison à vne autre les Huguenots se preparoient de les enleuer auecque force, & de leur donner la liberté auecque la vie, mais l'on y donna si bon ordre que ce transport se fit sans bruict, mais auecque tant de seureté que le desir des mutins fust frustré pour ce coup là. N'ayans peu ioindre à leur affaire la peau du lyon, ils y appliquerent celle du renard, & se seruant des longueurs artificieuses si faciles dans les formalitz de la Iustice, ils lasserent par ce moyen la patience des plus zelez, & attiedirent la chaleur des plus ardans. Cette cause neantmoins fut debatuë solemnellemét, & comme c'estoit vn fertile suiect pour exercer la langue des Aduocats, ils donnerent dans ce beau champ d'amples carrieres à leur eloquence. Mais comme il ne faut qu'vne petite remore pour

arrester

arrester vne nauire qui single sur la mer à pleines voiles, quelque force que l'Aduocat de la bonne cause eust en son discours & en son bon droict, l'autre qui mettoit comme le lieure son salut en ses fuittes ne trouuoit que trop d'inuentions pour destourner le coup fatal de la confirmation de la premiere sentence. Durant ces longueurs, soit que l'on craignist d'aigrir les Huguenots qui s'estoient monstrez assez retenus durant la guerre de Ligurie, soit que les subtilitez de la prudence du siecle trauersassent le cours &

l'eſclairſiſſement de la Iuſtice, tant y a que l'on trouua moyen de faire ſortir de la priſon Simon & Aliſe, peut-eſtre auec des clefs d'or, peut eſtre par quelqu'autre moyẽ qui n'a pû eſtre penetré par les plus clairuoyans. Mais Cain a beau fuir deuant la face de Dieu, il ira touſiours tremblant, & bien que ces miſerables puiſſent eſtre en lieu de ſeureté, ils ne ſeront iamais en aſſeurance. Ils porteront iour & nuict mille teſmoins, & autant de bourreaux dans leur ſein, & s'ils iouïſſent encore de la lumiere du iour, ie ne doute point qu'ils ne trouuẽt vne vie sur la terre pire que mille morts. Voila cõme les impies sont protegez tandis que le pauure & le iuste est saccagé, opprimé, assassiné, martirisé. Mais si les hõmes manquẽt à leur deuoir, Dieu fera vne abondante retribution aux meschans qui ne peuuẽt euiter, ny ses mains, ny ses yeux en quelque part que s'addressẽt leurs pas. Ceux là ne sont pas eschapez qui trainent leur lien, & souuẽt Dieu retire sa iustice pour luy faire faire vn plus grand sault, & s'il va lentement à la punitiõ des scelerats il recõpense par pesanteur du chastiment, la tardiueté de la peine. Allez donc ames malheureuses, cachez vous dans les plus creuses cauernes, dittes aux montagnes qu'elles tombent sur vous, cassez tous les miroirs que vous récontrerez, troublez toutes les eaux que vous trouuerez de peur que vostre image ne vous apparoisse. Soiez inuisibles à vos propres yeux: vous ne le serez iamais à ce grand œil qui voit tout, à qui rien n'est celé, & qui penetre le secret des cœurs, & les cachettes des abysmes. Que s'il vous reste encore quelque goutte de bon ſang, & quelque rayon de bon ſens, faicte profit de cette miſericorde de Dieu qui vous donne ce reſpir pour venir à penitence & recognoiſtre la grãdeur de voſte faute. Que ſçauons nous ſi cela meſme n'eſt point vn effect de la priere de cette innocente victime qui a peut-eſtre en mourant prié pour voſtre cõuerſion, & supplié la diuine bonté de vous pardõner cette offence que voſtre aueuglement vous empeſchoit de bien reconnoiſtre. Ne ſçauons nous pas que les pierres à feu donnent des eſtincelles & de la lumiere à ceux qui les frapent, & que le mouton donne sa chair à manger à celuy qui le tuë. Seigneur, disoit sainct Estienne priant pour ceux qui le lapidoient, ne leur imputez pas ce peché, car ils ne sçauent ce qu'ils font, pardonnez leur cette cruauté comme de bon cœur ie la leur remets. Que si Saincte Agnes apparoissant apres son martyre à ses parens qui regrettans sa mort arrosoient tous les iours son tombeau de ses larmes, les pria de ne la pleurer plus, puis qu'elle estoit arriuee par vn court & leger ſupplice aux embraſſemens eternels de l'Agneau celeſte ſon ſainct & diuin Eſpoux. Eſtimons nous que noſtre Anne que nous croyons pieuſement eſtre mainte-nant à la ſuitte de ce meſme Agneau, auec la double cou-ronne de Virginité & de Martyre, eſtant dans la ſour-ce de la charité, & hors de tous reſſentimens de deſ-plaiſir & de vengeance, ne prie pas continuellement & peut-eſtre auecque des gemiſſemens inenarrables pour la conuerſion de ces ames non ſeulement deſ-uoyees de la vraye foy, mais des sentimens que la nature a empreintes aux animaux irraisonnables. Que si les larmes de saincte Monique acquirent autrefois à l'Eglise ce cher enfant de son cœur & de son corps, qui depuis en a esté vne si flamboyante lumiere, pensons nous que ces parens aidez des prieres de cette saincte fille qui les a tousiours tendrement cheris, mesme dans l'excez de leur rigueur & qui iusques aux abois de la mort a respecté leur cruauté desnaturee, ne doiuent pas vn iour par leur conuersion à Dieu, & leur retour à la vraye Eglise, resiouïr les Anges au Ciel & les fidelles en la terre. C'est ce que nous deuons esperer de l'efficace de vostre intercession ! ô belle ame qui esleuee au dessus de tout ce qui est mortel, iouïssez du fruict de vos trauaux, & qui en si peu d'espace auez accompli beaucoup de temps & en peu d'annee parcouru vne ample carriere de perfection. Desormais ie te veux regarder comme vne claire lampe que ie tire comme ie puis du tombeau de l'oubly, & comme vne de ces nouuelles estoiles que les Astrologues ont depuis peu desſcouuertes dedans le Ciel, & inconnuës à leurs deuanciers. Ie veux que mon ame t'ait en veneration & en deuotió ſinguliere. Et bié que Dieu t'ait cachee dans la cachette de ſon viſage Diuin, & oſté la cognoiſſance de ton merite a beaucoup d'ames : ſi cette Hiſtoire de ta vie & de tes ſouffrances qui eſt cóme vne ſombre clarté parmi les tenebres de noſtre ſiecle, peut durer quelque temps & ſuruiure mes cendres ; ie veux qu'elle face cognoiſtre à la poſterité que ta vertu eſt tellement demeuree emprainte en mon esprit depuis que i'ay appris le vent de ta course mortelle que i'ay voulu la consigner à ce papier fidelle tesmoin des sentimens que i'ay pour ta pieté & pour ta gloire. Ie sçay que iouissant de la veritable (ton martyre si remarquable ne nous permettant pas d'en douter sans offencer nostre creance) & voyant dans sa lumiere l'inaccessible splendeur de la Diuinité, tu n'as que faire de nos loüanges, ny du foible secours de nostre plume. Mais puisque les pompes funebres ſont pluſtoſt la conſo-lation des viuans, que le ſou-lagement des deffuncts, permets que publiant ces vertus que tu as ſi ſoigneu-ſement cachees, i'attire à l'odeur de tes parfuns les ames qui ſeront ſi heureu-ſes que de vouloir ſuiure la trace de ton bon exem-ple. Tu as combatu vn bon combat, tu as acheué ta courſe, tu as gardé in-uiolablement ta foy. Qui peut ignorer ou reuocquer en doute que le Iuſte Iuge ne t'ait rendu la couronne de Iuſtice au iour de ta re-tribution? Voy donc belle

ame

ame qui es à present asseuree de ton salut eternel, regarde nous de la haut flottans sur la mer du monde, incertains d'arriuer à cet heureux port à trauers tant de naufrages qui nous menacent. Et pour ce petit seruice d'auoir fait cognoistre aux hommes les graces que Dieu ta faictes durant ta vie, & en ta pieuse mort, fais qu'à ma mort, Dieu me pardonne les fautes de ma vie.

FIN.

www.ingramcontent.com/pod-product-compliance
Ingram Content Group UK Ltd.
Pitfield, Milton Keynes, MK11 3LW, UK
UKHW020131220726
13923UKWH00001B/112

9 782019 688950